LOCUS

LOCUS

LOCUS

LOCUS

catch

catch your eyes；catch your heart；catch your mind……

catch 48

不丹，深呼吸

山境・雪國・梵音

作者：陳念萱
責任編輯：羅玫玲
美術編輯：謝富智
法律顧問：全理法律事務所董安丹律師
出版者：大塊文化出版股份有限公司
台北市105南京東路四段25號11樓
讀者服務專線：0800-006689
TEL：(02) 87123898　FAX：(02) 87123897
郵撥帳號：18955675　戶名：大塊文化出版股份有限公司
www.locuspublishing.com

行政院新聞局局版北市業字第706號

總經銷：北城圖書有限公司
地址：台北縣三重市大智路139號
TEL：(02) 29818089 (代表號)　FAX：(02) 29883028　29813049

製版：源耕印刷事業有限公司
初版一刷：2002年 7 月

定價：新台幣 220 元
ISBN 986-7975-38-3
Printed in Taiwan

Seven Trips to Bhutan

不丹，深呼吸

山境・雪國・梵音

陳念萱◎著

目錄

不拿卡母子河會流處

序

二○○一年十一月十九日，我終於又回家了。帶著母親那花朵般新鮮、有著珍珠白、粉紅、粉紫、嫩翠綠和金色的彩色遺骨，一路從印度到尼泊爾旅行了將近一個月。時隔五年，這是第七次到不丹。第一次到不丹是十一年前，然而一點都不覺得是初到龍國（不丹人自稱為Drukpa，意譯為龍人）。

事先讓已經在電台當記者的彩羚請假到機場接我，卻意外地看到漾鐘，我興奮得一直擁抱她，彩羚立即反應：「為甚麼她得到的擁抱比較熱烈？」已經結婚生子的漾鐘說：「歡迎回家！妳好久沒回來了，我們帶妳回家……」記得第一次見漾鐘時，她還在讀高中，非常喜歡編織，當我提到綠色是我的最愛，第二天就收到她為我編織的綠色腰帶，動作快得驚人。這回，漾鐘為我編織深藍色的傳統手工羊毛夾克外套，因為彩羚說我喜歡穿藍色的衣服。

第一頓晚餐在彩羚家的起居室裡，意外地發現電視有許多頻道，而不僅僅只是兩年前剛開播的BBS國家廣播電台。除了該有的CNN、BBC以及印度頻道，甚至還收得到中國大陸的中文、藏文與國際英文台，科技的觸角已經伸展到世界的最後淨土，這片喜瑪拉雅高地不再是遙不可及的天堂。

每天吃乁嬤搭薊（香辣蔥燒起司鮮椒）與各色米飯（不丹有兩百多種米），餐餐狼吞虎嚥，彷彿多年未嚐到家鄉食物般津津有味兒，肚子飽得要爆掉，卻一點也不覺得不舒服。彩羚的爸爸媽媽說我看起來好瘦弱，因為母親剛過世的一星期裡，我輾轉反側，幾乎無法進食，他們說一定要在我回台灣前將我餵得胖胖壯壯。我面不改色地吞食辣椒，讓每一個人驚訝得懷疑我是否多年未嚐辣味，擔心我吃出毛病來，然而我卻是越辣越增添氣色。與一般人的經驗法則相反，多年來，只要不舒服就拚命吃辣椒，保證「辣到病除」。漾鐘與我有同樣的習慣，難怪我們一見如故。

不丹，讓我體認到甚麼是「業緣」，凡事無法勉強。不知是這裡山水宜人，或這真是我的家鄉，每當我覺得自己能量已盡，就必須回來充電，屢試不爽。就連彩羚的媽媽都說：「才兩天的時間，愛麗絲已經看起來精神多了。」當不丹人認為我漂亮得像不丹人，就像是自家人互相讚賞似地讓人啼笑皆非，而這自然愉悅的欣賞，熨貼在我的心窩，又疼又暖。

多年來，一直無法理解自己為何如此想盡藉口過訪不丹，這第七次的不丹之旅，終於讓我看到了清楚的事實：連不丹人都當我是回家，而我大吃大喝的不丹家常食物的確也撫慰著我的腸胃，還需要更具體的理由嗎？

這一次，是為了帶媽媽去看我最喜歡的地方，並將她美麗的遺骨投入清澈無比的江河。當我好不容易跋涉三小時到不拿卡（Punakha）母子河的會流處，站在不拿卡宗的橋頭，灑下母親美麗的遺骨，母與子的融合流水，帶著母親走向寬闊無邊際的遙遠無盡處。天與地的自由自在，將會是母親悠遊的他方，而不丹各流水匯集的宗（dzong，兼具橋頭堡與行政功能的廟宇），一直有無數僧侶不斷唸誦佛陀的經典，與喇嘛相當投緣的母親應該會感到親切愉快，直到她找到自己願意前往的淨土。

相傳瓦拉納西（Varanasi）的恆河為天水的恆河，能清淨一切的疾病與業障，終年都有印度教的道士在河邊念經做法，更有無數屍體在此火化。由北向南流而分割東西方的恆河，東岸為沙灘，西岸則廟宇林立，每個清晨都有虔誠的教徒在此淨身等待日出後面向東方祈禱。看來已承載無數生命污染的恆河，仍有相當空間繼續布施慈悲，許多人依然喝下不太清澈卻並不黑臭的河水，似乎並未引起任何後遺症。雖然每個人都認為瓦拉納西的恆河是唯一該投入遺骨的聖河，然而，不丹的山水，更是我心目中的淨土，這裡的任何一條河流，都是我最親愛的聖河。深深相信，母親不會反對我的看法。

不過，我還是保留了一些給恆河，讓母親見識一下恆河的無邊慈悲，好讓她更能夠體會那《心經》中無垢無淨的自在解脫。甚至，我還刻意拿出一小片粉紫和一小片嫩綠色遺骨，帶到佛陀證悟的菩提迦耶（Bodhgaya），很意外地遇見我一直期盼的八十二歲老唐卡畫師，老畫師是最後一位為母親祈福的出家人，這意外的祝福更是讓人溫暖。

菩提樹下，祈禱完畢後欲離去，被一旁修曼陀羅的尼師喊住，手指著當時落下的菩提葉，欣見圓滿的菩提，拾起時，心裡灑滿了感謝的水珠。

這趟朝聖之旅，彷佛是伴隨母親進入佛法的廟堂，一步一腳印地輕鬆起來……

於是，朋友們的建議浮現，「Why don't you write about Bhutan?」

多年來，描述不丹一直停留在腦海裡，因為，對不丹，我寫不出導遊類的文字內容，這本書不能作為旅遊參考，太多個人化的感性抒寫，也許會妨礙對這地區的客觀觀察。母親的逝世，終於如瓜熟蒂落地般促成了我筆下的騷動。

不丹，是我生生死死的一再重生之地，無法言喻。

這第七次的不丹之旅，還帶回了阿熙多傑旺嫫皇后與不丹第一大文豪羯摩烏喇以及首席畫師貝瑪南卓泰耶親手贈與的著作，並正式授與版權。離開首都聽瀑（Thimphu）前的一頓晚餐，則是國王一九九八年正式還政於民後，現任民選總理康卓旺秋夫婦招待的。如此深厚的緣分，再也沒有理由推託，就像所有的不丹朋友們說的：「妳若堅持自己是不丹人，沒有人會懷疑。」而漾鍾則說：「我懷疑妳是台灣人到不丹來收養的小孩，被帶回台灣後忘記不丹話怎麼說，卻又不由自主地回家了。」

我毫不懷疑自己的血緣是台灣人，然而，我的靈魂則飄向了不丹……

來到菩提迦耶佛陀證悟之處的佛塔，無數參拜者都感受到一種難以言喻的神奇力量。

楔子

小時候看地圖，總是不期然地盯著不丹那夾在尼泊爾、錫金、西藏與印度之間的小地方瞧。那時父親剛過世，十歲的孩子彷彿失去了人世間的聯繫，想像父親可能去了一個不知名的陌生地方，那也可能是個未曾見過面的家鄉。當時，看到小小長條形的不丹躺在世界地圖上，就有種似曾相識的陌生感，小小的手指頭撫摸著那小小的一塊地圖牆面，似乎就可以將心意傳達出去，一點一點地滴落內心深處的哀傷，也許，那端正下著我心裡灑落的雨絲。

後來，不自覺地去了尼泊爾，開始結識許多西藏朋友，「不丹」這兩個字仍埋在心底，未曾出現。偶爾閃過一個念頭：就在隔壁哪！心裡卻雪亮地明白，時候未到，提出來只會像炊煙一般消失，不著邊際。

幾次進出尼泊爾，耳濡目染地融入藏傳佛教的世界，逐漸脫離了寄宿學校時期的基督教文化氛圍。雖然，不曾明白地告訴自己：我已經變成佛教徒了！卻是越來越深入藏族的生活方式，連自已不大靈光的藏語都會被藏人誤認為是出生在西方文明世界，把我當藏僑對待。我內心也將這份溫厚的情誼解釋成精神家鄉的親戚，卻隱約有種無法言說的隔閡，彷如未曾揭示的薄霧繚繞不去。於是，便當它是隔世因緣吧！

數年後，忽然發現相交密切的藏族朋友居然大都來自於不丹，腦海裡閃過「賓果！」知道為期不遠矣，好似回家的日子快到了。

我仍然隻字未提，對任何人，包括我的不丹朋友。一個隱隱浮現的「未知」，我要讓它自己發展……

尼泊爾的佛陀舍利塔，彷彿年年看顧著衆生。
據說偶爾在夜半會從塔頂飛出舍利嘉惠守候的有心人 。

一個隱隱浮現的「未知」，我要它自己發展……

受戒——與不丹結緣

第一次進尼泊爾，很偶然地皈依了當時正在閉關的印度薩迦大學創辦校長堪布阿貝，也很幸運地遇見後來接任校長的堪布米瑪幫忙翻譯。當時不知藏傳佛教的天高地厚，整天胡亂辯論，恍然不覺與之辯論的都是佛學教育界的佼佼者，大言不慚地高談闊論，如今想來都要冒汗，簡直無知得厲害。

一回，朋友從香港來電告知：寧瑪派大師頂果欽哲法王剛從西藏出來到香港休息，趁便傳法，邀請我立即過去受戒。我連要受甚麼戒都沒搞清楚，就坐飛機過去了，只因為朋友說「法王年事已高，恐怕機會不再，必須即刻過去受戒」。很久以後，才弄清楚，當時受的是菩薩戒，那時若知道自己要發那麼大的誓願——「為救度一切眾生故誓願解脫成佛」，我恐怕也沒膽量受戒，早就逃之夭夭了。

頂果欽哲法王是不丹旺秋（Wangchuck）皇室家族的老師，在不丹受到相當的禮遇。久聞其名，卻沒想到真能親眼見到這位不常出遊也從未到過台灣的老人家。

回想當時，我恍恍惚惚地走進一間佛堂的小房間，見到將近八十高齡的老先生，只覺得一座大佛像坐在眼前，不真實極了。那時，房裡只有幫忙翻譯的法國弟子瑪修喇嘛和我，原以為是去參加群眾受戒大會的我惶恐侷促，可說是嚴重驚嚇後的失魂。除了心裡暗罵朋友糊塗未事先告知（事後得知這是千載難逢的幸運），我只能傻傻地跟著一句句唸誦咒文，腦袋空空地看著大佛像嘴裡叨叨唸著我聽不懂也聽不清的說明。瑪修的聽力與恭謹讓人非常佩服，當時內心立時升起的敬畏即來自這位法國喇嘛的隨侍行止，反倒對眼前不太真實的佛像無法留下貼切印象。

翌年，頂果法王往生，隔年在不丹舉行荼毘（遺體火化）大典，我是被通知參加儀式時，才知道授戒上師圓寂。當「不丹」這兩個字從遙遠的電話那端進入我的耳際，霎時像被轟炸般，腦袋暈得嗡嗡嗚響，失去了所有的方向感。想起曾經問他老人家一個切身問題，而當時自告奮勇替我翻譯的另一位不丹老師始終保留答覆未告知，直到我真正踏入不丹之時，那隱然揭示的包裹似乎即將解碼。

在頂果欽哲法王的荼毘大典上，臨時搭
蓋的舍利塔隨同遺體一起火化。

心中忐忑地搭飛機過境印度，恍如隔世，這也是第一次到印度，卻不覺陌生。也許心裡記掛著即將見面的不丹，對印度少了一份關切，也就無心瀏覽解析這特殊的另類文化。

在新德里的第一個晚上，我作了一個十分清晰的夢，真實得讓人懷疑那不是夢，清晨渾身汗淋淋地醒來，不能相信卻又慶幸這只是個夢。沒想到，我到不丹的一星期後，這夢真實地發生了。那是我魂牽夢縈的糾葛，分不清是宗教、信仰、文化洗禮，還是累世的記憶，我徹底地淪陷。站在依山傍水的不丹國境裡，我想要長眠於此……

十天之內，我少了十二公斤，完全無法進食。兩個月後，我失去將近二十公斤，沉默在自己揭開的包裹裡，彷彿重生。這一趟旅程，我年輕了十歲，幾乎換了一張臉（眾目睽睽之下，有目共睹，沒有人能夠解釋），或許更精確的說法該是：換了一個靈魂。彷彿過去種種只是一個階段性的休憩，現在才開始真正地醒過來。

隆重的茶篦大典來了四百多位國際人士，將近十萬不丹百姓（面積約台灣一點三倍的不丹，總人口僅七十餘萬）遠從鄉間長途跋涉數月而來，大家聚集在藏傳佛教傳統裝飾的火化舍利塔廣場外，數天數夜不停地唸誦經文。遺體火化前，我們被允許參觀景仰頂禮，佛堂裡放著我的授戒上師，他已經縮得好小，好似時光倒流般回到嬰兒的體型，那座大佛再度轉世了……

皇太后與欽哲卻吉羅卓仁波切的遺孀康卓采玲(右)參加荼毘大典。

參加頂果欽哲法王荼毘大典的皇后、公主與索甲仁波切。

不丹境內隨處可見的河流與宗(dzong)

山境采風——說話是寂靜山林裡的唯一娛樂

能夠進入不丹境內，已經覺得不可思議，而有機會遍遊全境，更是始料未及，第一回長驅直入的感覺，的確是興奮得難以形容。

我就這麼進去了，只打了一通電話，不需要任何理由。

再度到達不丹，就有回家的感覺，好像回到許久許久未見面的家鄉一樣教人感傷。雖說山景宜人，我卻無心瀏覽，只記掛著那些無法敘述、時空錯亂的場景，一路心事重重。幸好這兒的人多半簡單自在，沒人愛好察言觀色，也或許我是陌生人，暫且還無法探東問西，腦袋因此獲得從未有的休息，非常舒適。

有生以來，頭腦最清醒的時刻，似乎是在不丹。弔詭的是每回走進去都像是踏入另外一個星球般陌生，卻又親切熟悉得像回家。

在我表明想要參觀不丹全景時，許多人提供了交通工具，有朋友也有權貴。一直未能找到受此厚禮對待的緣由，我既非權貴又無強勢後台，就一個新來乍到的觀光旅客而言，簡直幸運得離譜。無論如何，沒有交通支援，想要在這山區縱谷之間旅行，是個不可能的任務。百分之九十的不丹人都步行，十年前，這裡沒有計程車，只有車裡車外經常掛滿乘客卻不準時出現的公共汽車，老百姓若真要遠行，就只好每天清晨在主要幹道的路邊等候。誰也說不準車子會在上午還是下午突然出現，若真能等到車子，那就好像佛祖保佑、發出萬丈光芒一樣教人高興。

抓了一個不上學也不願工作的小女孩作伴，沿途聽她五音不全、荒腔走板地大聲歌唱，據說是為了娛悅我。忍耐數小時後，我與司機同時嚇止她繼續虐待我們的耳朵：「拜託！休息一下！」維繫禮貌的企圖被小女孩永不衰竭的旺盛精力瓦解。相視大笑後，她開始東家長西家短。

在不丹最熱門的話題就是誰跟誰在一起。由於婚姻制度的不存在，誰上了誰的床之後又繼續留在那人的床上，假以時日，就是結婚了。如果這兩人其中有人離去不復返，那就離婚啦！至於一夜情，到處盛行，沒有人認為不妥，這是再自然不過的自然需求，除非你真找到了自己的靈魂伴侶，即便如

不丹農舍，由就地取材的木料與流水石塊組成。

此，仍沒有人能攔阻你隨時出去獵豔。

家家戶戶門上都掛著巨大的男人陽具，據稱是避邪用的。藏傳佛教把男人的陽具當作金剛杵，象徵摧毀、突破困境並掃除一切修行障礙，因此，佛教盛行的不丹以此圖騰作為生活中的一部份，尚可理解，對西方觀光客來說就很容易將此符號當作原始信仰的膜拜。

我問小女孩是否有固定的男友，她的答覆讓我吃驚又意外：「如果有男朋友，我絕不容許他到處拈花惹草，我會殺了他。」啊！再開放的環境，仍難敵人性最根本的忌妒貪戀。

從逐漸受到西方文化入侵的不丹西部地區，一直到仍保留傳統風貌的東部，尤其是海拔高又較偏遠的中北部地區，不丹人的率真隨處可見。容貌姣好是非常普遍的生態，難怪戀情遍佈，卻沒有造成人口爆炸，真是異數。

河流縱谷蜿蜒的山區，路窄難行，這兒的司機彷彿視而不見似地沿路飛奔，就連會車都毫不遲疑地衝過去，乾脆俐落，好像個個生來就是賽車手。

這趟旅程比較像是遊車河，除了吃飯與睡覺，都在趕路。當我要求下車參觀時，每個人都瞪著我：「妳要看甚麼？這兒有啥好看的？」

我看牛羊花草樹木、看雕刻細緻的木屋與廚房裡的忙碌主婦、看田野裡赤腳奔跑的孩子、看矮樹叢間曬太陽發呆的少女、看自捲大煙高聲笑鬧的臭男人，看路旁曬穀篩稻的人群，看日以繼夜埋頭在滾熱柏油裡修路的邊境傭工……所有的畫面都像是鎖上「靜音」的影片播放，故事不斷地擴散氾濫在腦海裡餘波盪漾。

於是，我跑遍全境，卻始終舒舒服服地躲在車子裡，活像行動不便的旅客，只能用眼睛旅行。偶爾貪婪地呼吸一下冷冽的新鮮空氣，清洗進入渾沌狀態的腦袋，便又像踏入另外一個時空似地交錯編織新的畫面。

這裡有許多傳說，有神話、有歷史民間故事，也有經過許多不知名作者編撰的傳奇。最流行的除了黃色笑話外，就屬轉世輪迴的故事了，這些故事一而再、再而三地灌進耳膜，若還不信「前世今生」，那就是「不動如來佛」的轉世啦！

通常，我都會被不丹朋友們帶去覲見某某大師的轉世，他們沿途轉述這人生前以及出生時的傳奇，當然，他們也會觀察我見過大師後的反應與評論。相當有趣的是，這些篤信不疑的虔誠信徒都很期待不同的論點，如果有人駁斥他們的迷信，就會挑起非常高昂的興致，並且招惹更多人加入論戰。寂靜的山林裡，「說話」變成唯一的娛樂。

從早說到晚，過去現在未來，家人親友甚至祖先來源，每個人都變成了透明人。這裡是個沒有隱私的國度，不僅僅你認識的人可以如數家珍地說明你的來歷，就連那些語言不通、一輩子也打不上交道的村民，都很可能成為傳播你家世背景的信差。

聽別人的故事總是津津有味的，一旦輪到自己被人流傳，可就不是滋味兒了。就像已從事傳播工作的彩羚說的：

「我絕不容許任何人將我家曝光在媒體上！」

「那妳怎麼可以到處拿著攝影機，將事先不知情的朋友們展示在電視螢幕裡？」

「那不一樣！」

「怎麼不一樣？」

「那是我的工作！」

噢！那就是說媒體工作者就有曝人隱私的許可證囉！

鄉間孩子戲耍著隨手撿來的木棍。不丹的大自然是孩子們發明自己玩具的寶藏。

龍的子民——以佛立國的雷龍之地

兩千年前，部分藏族西移至目前的不丹。如同雲南苗族的八十多支族，藏族到不丹也已衍生為有著二十多種方言的不同支系。不丹的不丹文國名Druk（竹客，意譯為龍），說明了不丹人相信自己是龍的子民。傳說中，不丹地區是龍的居住地，常有人親眼見到龍在天上飛翔遨遊，春雷雨季時更容易見到，因此不丹也叫做雷龍之地（Druk Yul），尤其是世道好的時候，被視為吉祥象徵的龍都會出現，讓很多人同沾雨露。

不丹地圖

在藏族西移至不丹位址後，建立了許多聚落，幾度軍事變革卻一直未能統一，直到西元一六一六年藏傳佛教噶舉派領袖轄鍾（Shabdrung Ngawang Namgyal）到不丹建立了僧侶政治的王朝。十九世紀末，數度轉世的轄鍾對政治失去興趣，掌理政治的大臣吉美南加（Jigme Namgyel）取得了控制權，其子烏金旺秋（Ugen Wangchuck）成為今日不丹的第一任國王。

在不丹政權易手的多事之秋，統治者曾數度前往西藏拉薩尋求協調支援，殖民印度的英國

宗（dzong）是不丹以往政教合一的歷史見證。

不丹首都廳瀑（Thimphu）的註冊人口約兩萬五千人，加上流動人口，則僅約五萬人居住。

政府亦幾度覬覦插手。然而，不丹百姓有移民者的堅毅性格，堅決保留自己的生活習慣與文化傳統，不容許任何外來文化的入侵，即使是隔鄰強大的印度長期支援教育、交通建設、軍事資源，亦未能真正介入或同化其文化思想。擁有先進槍砲的英國殖民者，一直無法擊敗僅使用弓箭自衛的不丹百姓，射擊競賽也因此成為不丹歷久不衰的熱門運動。

目前統治不丹的旺秋王朝建國於西元一九〇七年，前後四任國王都非常賢明並極受人民的愛戴。皇室成員皆到英國受教育，年逾不惑的現任國王甚且在一九九八年宣告交出政權，敦促堅決反對民主的各鄉鎮代表們制憲，國會代表們卻一再表示：「我們只要國王，不要民主！」甚至法官無法裁決的民事訴訟，都是國王說了算數。然而受西方文化影響極深的國王，推動民主意志的信念堅定，他認為，「民主是不丹未來走向進步的趨勢，越早建立體制，越能減少弊端，還政於民是國王的責任。」

不丹王國曾經非常友善地開放觀光給國際人士。由於人口稀少（七十多萬），又在印度的挾制之下（軍事、政治、外交與經濟的依賴，連匯率都不能自主），不丹雖在聯合國佔有一席之地，卻常被視為印度的應聲蟲，幾與殖民地無異。這使得不丹的國際知名度不高，除非是經常進出喜瑪拉雅山境國家的流浪者（多半是尋找靈魂家鄉的嬉皮），或是從事山區研究工作的NGO（非政府救援組織）以及聯合國研究員等，否則，很難在地圖上注意到不丹這個不知如何歸類的國家。

最早開放給國際流浪漢的尼泊爾，被過度解放的西洋嬉皮文化污染，到處氾濫的毒品以及古蹟聖地的竊盜，讓毫無防範的小國寡民遭受無法復原的破壞。除了環境，最嚴重的是惡質商業化腐蝕與觀光業的放縱，淳樸民風不再，傳統文化更在無形中消失散逸，再加上尼泊爾王室的腐敗，更加速導致尼泊爾百姓的困境。無數的國際救援始終未能真正幫助這可憐的美麗國家，聯合國的長期援助只給歷任官員與皇室成員舞弊及貪贓枉法的機會，非但未能絲毫改善困境，反而越加窮困，而貧窮又演變成尋求國際救援的武器。

有鑑於此，不丹王朝開始管制觀光客的進出人次與停留時間。後來，有眾多不肖古董掮客到鄉間廉價騙取善良百姓的家傳古物，甚至盜取寺廟內供奉與陳設的佛像和佛龕器皿，這迫使現任國王下令嚴格審查觀光客的身份，限制其行動，並一律交給國營旅行社託管。現今不丹每年僅發放數千人次的

首都聽瀑市中心的交通警察。不丹至今仍排斥紅綠燈的設置。

觀光簽證，並制定昂貴的簽證旅費，以價制量，提昇觀光客的素質（擺明是抵制經濟能力甚差的嬉皮族群，並阻擋國際吉普賽假借宗教名義的另類文化入侵）。除非有皇室成員或政府官員的邀請，否則要進不丹旅遊必須有相當的經濟實力（停留不丹境內，政府每日索價美金兩百元以上）。

不丹的觀光業者普遍表示：「我們有八成以上的客戶都是老先生、老太太們，因為只有這些人才有錢有閒來這麼昂貴偏遠的地方，也只有年紀夠大的人會欣賞這幾近鄉村文化的風光。這裡除了自然美景，可說是一無所有……」更何況還要忍受餐餐都有辣椒的飲食習慣，果然需要些成年人的耐力。

蓮師傳說——傳奇岩藏的虎尾峰

進不丹只有兩種方式，從印度或尼泊爾邊境走陸路，或搭乘不丹皇家航空從曼谷（飛行時間約三個半小時）、新德里（兩個半小時）、加爾各答（一小時）及加德滿都（一小時）等飛入。前者較經濟，而且可以沿途觀察不同的文化風景，但是辛苦又費時，只適合真正的旅行家。

不丹只有一個機場，座落在離首都聽瀑約一小時車程的巴洛（Paro）小鎮。不丹皇家航空公司（Druk Air）僅擁有兩架飛機，因此班次不多。這兩架飛機都只有十個商務艙座位和六十二個經濟艙座位，又因為地形關係，每次飛行總乘客不能超過六十人，否則穿越山谷時會有墜落的危險。因此，若遇上十月至十二月之間的猜秋（Tshechus）慶典旺季，簡直一票難求，然而平時的飛機卻是空蕩蕩的，因機票太貴了，尋常百姓根本消費不起（單程從曼谷飛約需美金三百六十元，從新德里需三百一十五元，從加爾各答或加德滿都則為一百九十元）。

若要搭乘不丹航空，請千萬不能晚到。雖然旅行經驗豐富的人多半不會老實地在兩個鐘頭前到達機場，比較普遍的習慣是起飛前一個鐘頭check in，

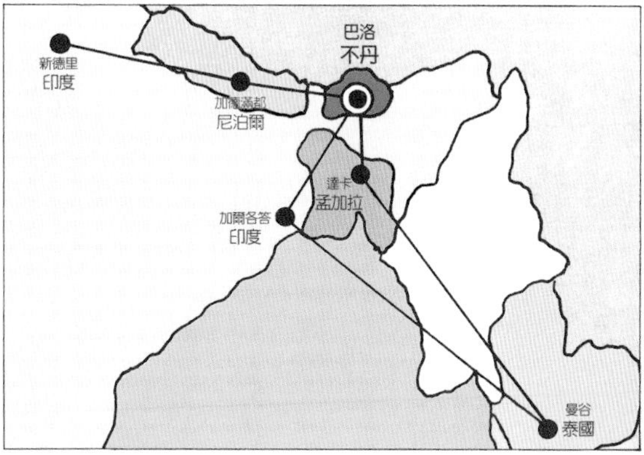

不丹航空航線圖

不丹航空(Druk Air)僅有的兩架飛機之一

但如此一來，很可能不丹航空的飛機已經起飛了，而不是仍在登機而已。事實上，我曾經在登機後聽到機長廣播：「既然大家都到了，我們就起飛吧！」於是，我們早了半個小時飛抵目的地。據說，提早一小時起飛的機會非常多，因此，也必須提醒接機的人，以免早到後仍需在機場等候。

頂果欽哲法王的寺廟正好座落在巴洛小鎮，到機場只需十分鐘車程，對許多前往朝聖的朋友們來說十分方便。這小小的村鎮有許多傳奇故事，是不丹最負盛名的聖地與舊都，遺留了許多值得參訪的古蹟。小鎮每年春季的猜秋廟會也是最長的，不但有皇室成員參與，就連遠自東部而來的朝聖者也非常踴躍，更是吸引了不少世界各地的觀光客。

巴洛的國家博物館中收藏著當年與印度、英國軍隊奮戰的遺跡與武器。往北是不拿卡著名的母子河（Mochu and Pochu）交會處，那裡矗立著一座戰績輝煌的城堡。而最名聞遐邇的聖地莫過於地形陡峭的虎尾峰（Dratshang），無數的修行者視在此閉關為生命中的一項里程碑，據說蓮花生大師當年在此閉關兩個月後，留下了不可言說的祝福加持力，即使只到此一遊，都能夠沾光。

傳說中，蓮花生大師曾經從西藏乘著飛虎飛行到不丹尋找短期閉關之地，後來在虎尾峰降落。在洞穴閉關期間，法侶依喜錯嘉在洞穴外護持，兩個月後出關，當時手中的念珠忽然掉落，依喜錯嘉立即端起裙擺迎接。這份虔敬，剎那間產生效應，蓮師修持兩個多月的念珠化成長串從天而降的瀑布，一時傳為美談。若從山壁往上瞧這山巔上的瀑布，真的很像是從天空灑落的珠串。

我們這群參加茶篚大典的旅客們，不能免俗地必須到此一遊。從我們落腳的巴洛村鎮外，遙看三千多公尺高的虎尾峰，並不那麼高聳，再加上有毛驢可乘坐，因此沒有人拒絕上山。大伙兒浩浩蕩蕩地開拔，沿途不時有三三兩兩的當地朝聖者，或全家結伴而行，或沿路跪拜朝山，山風清爽冷冽，若非毛驢間歇性地鬧脾氣，這趟旅程的開端還蠻愜意的。

穿越並不茂密的樹林，向上爬坡時，才發現路況比想像中還艱難。斜、陡峭、碎石加上泥濘，莫怪那毛驢不情不願地前進，每走三步便退後一步，有時還原地打轉，甚至拒絕移動。這場人驢之戰，不亞於自行攀爬，所以有些人乾脆放棄，而我的堅持則是為了好玩。毛驢的冥頑固執讓人好氣又好笑，我連鞭笞都像是撒嬌般隨意，並不那麼認真地催迫。一路連哄帶騙地弄上半山腰，步行的人早就遙遙領先了，毛驢隊的主人聲稱再往上走已經離目的地不遠，而且路況不宜毛驢行走，我們必須自己走完剩下的路程，以示朝山的敬意。既然騎驢並不比步行快，我們又必須趕在天黑前下山，只好下馬趕路了。未料，所謂的不遠，其實還要好幾個鐘頭。

好不容易到達山巔，兩條腿已不怎麼聽使喚，然而空氣寒冷爽冽得讓人舒服又清醒，峭壁上鑲嵌的一座座廟宇更是引人遐思，蜿蜒的山路倒像是浪漫思緒的延伸，綿延至無限遠的寬闊天空，目的地到達與否反倒成了次要的事。

不丹主要交通運輸工具非驢即馬。不丹的驢怕生得緊，陌生人靠近時，一定讓你好看。

空氣越來越冷，急忙忙爬上石塊堆砌的階梯，前往那看來神秘的一間間閉關房似的小廟宇，看似不遠，卻又繞行了好幾彎，才幾乎到達入口。忽見一落清泉撒下，才醒悟沿途原來滴水未沾，看一群人拿出空瓶到瀑布下方接水，我便也跟著暢飲起來，真是甘甜無比，整個人都甦醒過來，一輩子沒喝過如此清甜的泉水，所有的疲累好似在剎那間煙消雲散。掏出空瓶裝水時，才聽說這就是傳說中的蓮師念珠，抬頭往上瞧，那奔竄飛濺的水簾竟像是直直地由空中灌下，沒有源頭……頭都抬得酸了，也沒能想出這水是打哪兒來的（這空瓶所裝的水帶回家放了好多年，仍清澈無比）。

一階階地往上爬，不時回頭望那清泉，回味著無法言喻的甘甜。忽然一道彩虹橫跨瀑布，好似戴上七彩項圈般，往上行時，又有另一道彩虹加冠，逼得我倒退而行地凝望，迷人得不可思議。清泉上的虹霓在湛藍晴空下閃爍，我要用多大的感謝去讚頌這天然界的珠寶，而它又是這麼坦蕩蕩裸裎的寶藏。

鑽進小關房環繞的平台時，四下居然沒有人影，正擔心脫隊引起的恐慌，忽然冒出一個小男孩指路：「Buddha! Come! See Buddha!」心中一凜，尋思這兒果然偷偷藏著高人逸士，趕忙跟著小男孩走，管不著其他人到底上哪兒去了。

在石牆間左拐右彎地鑽來鑽去，興奮得快要發抖了，終於停在一個上了鎖的小屋前，心想，難道真有高人被鎖在裡頭閉關？

好不容易盼到小男孩將門打開，黑暗中，裡面呈現出一灰塵滿佈的佛龕，不無失望地愣住了，小男孩催迫我進屋，只好硬著頭皮進去，既來之則安之。小男孩從供桌上拿起修儀軌用的寶瓶，命我伸出手來接受「甘露」加持，基於禮貌，從腦中抹去那些灰塵，閉著眼睛喝下小男孩的好意，居然清澈甘甜一如蓮師的念珠瀑布。正懊悔著適才心中升起的不敬，轉頭忽見那男孩炯炯有神地望著自己，臉上煥發著異樣的光彩。

踏出屋外，心中詫異著的當下，同伴相繼出現，那男孩竟轉身急忙將門鎖上，不讓任何人參觀。

眾人七嘴八舌地討論到底那上了鎖的小屋裡藏著甚麼，我一再表明只有簡單的佛堂，卻引來狐疑的眼神，而會說不丹藏語的導遊出現解說時，更增加了我的困窘，他質問我：「妳怎麼進去的？妳有通行證嗎？這裡是聖地。沒有官方的證件，不能進去，妳剛才怎麼進去的？」我無辜地解釋是小男孩拿鑰匙打開的，轉頭尋覓證據之時，小男孩已一溜煙失蹤了。

為了趕路下山，沒有人再追究這打不出答案的謎。我一路飛奔，竟像是飛躍般在石縫間跳竄，毫不費力。有趣的是，甚至不知打哪兒冒出來的衝力，拚命地往地心引力的方向滑落，完全無法煞車，只聽見同伴們不斷地在一旁驚呼，而我則如小飛俠似地，莫名地興奮起來，一邊跳躍一邊禁不住大笑，高興得差點兒滾落下山。

依山傍水的山景是不丹隨處可見的景致

到達居住的小木屋前，天色已暗，日夜溫差甚大的夜間接近零度，而不靈光的熱水器每回輪到我洗澡時，就變成冷水，渾身是汗，只好咬緊牙關在浴室裡跳腳。好不容易洗完，全身肌肉自動刺激出暖流，反而舒服極了。因此，洗冷水澡，就成為我在不丹的暖爐。沒想到從此以後，自幼逢冬即冷手冷腳的我不藥而癒，既不怕冷亦不怕熱，耐力驚人。

據說，許多修行人在虎尾峰閉關獲得法脈而成就，若虔誠感天，甚至可親見蓮師賜與封藏的岩藏教法。當然，我們這群上山觀光的人不可能有甚麼奇蹟式的秘笈發現，卻人人心曠神怡。

林中木屋——踩著松針穿梭林間

不丹的房子多半是用河床裡堅硬的流水石作為牆基，屋樑與地板皆為木造，屋頂則用石頭一塊塊地壓著鐵皮蓋，形成特殊的景觀。

面積不大的松樹林裡，蓋了兩座木屋，是我們的臨時客棧，而室外也搭蓋了許多臨時帳棚。有幸住在屋裡的人並沒有享受私人空間的機會，因為夜裡所有人都帶著自己的睡袋，一排排地躺在一起，只有當白天收起睡袋時，它才真正成了住所裡的客廳或會議廳。即便是廚房邊的倉庫，也都騰挪出來做客房，可謂盛況空前。

臭蟲橫行的木屋，不時侵擾這群可憐的外來客，全身上下佈滿了血肉布施的遺痕，這些奇癢造成的疤痕，一直到一、兩年後才會逐漸消除。

三餐都是在樹林裡搭起的臨時桌板上自行取用的自助餐，每個人排隊拿完菜飯，便各自尋找角落進食，或在火堆旁，或在石塊上，找不到落腳點，就任意走動，一邊吃飯一邊群聚聊天。這種踩著松針穿梭在樹林之間的飲食方式，予人某種飽滿的幸福感，許多人都在柔和的火光裡散發舒適情緒，彷彿心中悄悄升起浪漫的情歌，沒有對象地輕輕吟唱。

飲食方式雖然粗率，菜色卻是非常豐富的。有各種顏色的米飯，紅的黑的白的或黃白相間的拌飯，另有印度式的烤餅以及各種口味的夾餅，然後就是每一道都有辣椒的典型不丹菜：起司辣椒、混合蔬菜、乾椒燒牛肉乾、紅燒蘿蔔與帶皮豬肉、辣味雞塊、各種口味的馬鈴薯，還有我最喜歡的乁嬷搭薊（香辣蔥燒起司鮮椒）。

在我看來非常美味的不丹菜，對一輩子沒碰過辣椒的西方人來說非常痛苦。每個人都抱著一杯冰水猛灌，不時發出嘶嘶咂咂聲，毫無選擇地邊吃邊叫，然而據說廚房已經盡量少放辣椒了。不丹人做菜不放辣椒好像不能完工似的，看著那些洋人吃得哇哇叫，仍然非放不可，餐餐不能不辣。正中下懷，吃得興高采烈的我，心裡壞壞地偷偷微笑。

不丹菜的烹飪方式非常簡易，多半是將材料任意清洗切開後丟入鍋中（毫無刀工可言），加入剁碎的生薑、大蒜、洋蔥與奶油悶煮，有時加些蕃茄做調味料，起鍋前灑上特殊口味的起司攪拌，就成了標準的不丹菜。幾乎每道菜都是這麼做的，沒甚麼變化，卻非常好吃。

隨處可見農舍外曝曬的辣椒，是不丹人餐餐必備的食物。

飯後到小森林裡散步是非常舒服的享受，回到木屋時，正好可以趕上熱騰騰的下午茶，活絡凍僵的鼻子。十一月的秋末，在日溫差相當大的不丹，一過中午就開始泛涼，絲絲寒意，鑽心透骨，燦爛的陽光倒像是一場騙局，只持續不到一個鐘頭的暖意，就溫度盡失，讓人毫無防備地看著那光線依然強烈鮮明的天空，恍恍惚惚地瑟縮在刺眼的陽光下，無法辨識冷熱。

木屋旁約五分鐘路程有一條河流，只要靜下來，就一定能聽到流水聲，如天籟般敲擊著處處都是石頭河床的河流，彷彿吟詩似地緩緩唸誦久遠以來的史詩。清澈見底的河床，教人有躺下去休憩的錯覺，潔淨柔和得不可思議，想也沒想地就衝過去狠狠地喝幾口，冰涼透骨，炎炎夏日當飲料一定甘甜宜人。

事實上，不丹各處都是河流縱谷，走到哪兒都有緩緩行進的河流，常讓人忍不住蹲在河邊沉思，忘卻過去、未來有何不同。

流水淙淙——繚繞在山境與平野的清唱

再度進不丹，是因為忍不住在尼泊爾打了一通問候電話，就跑去了。

也許還夾雜著一點虛榮心，加德滿都有太多外國人想去不丹卻不得其門而入，沒有簽證連機票都買不到。有人年年申請年年被退件，而我只要打一通電話就可以立刻上飛機，這種特權很容易讓人飄飄然，尤其是看到不丹皇家航空公司服務員那訝異的眼神以及一再重複的詢問：「妳是如何取得簽證的？」簡直酷斃了。當然，這不會是個好藉口。

也許，因為找不到藉口，就只能如此瞎掰。我只是瘋狂地想去，沒有理由。

皇家侍衛長驅車來接，從巴洛機場到首都聽瀑的沿途必須經過綿延不斷的河流，我要求他把車開進河邊，讓我休息一下，我想貼近河水的聲音。

蹲在石塊上，假裝戲水，淙淙流水卻是一滴滴地勾出翻攪的記憶，心

流過清澈河床的高山小河，清涼甘甜引人縱身戲水。

酸、鼻酸、眼酸地隨順流水滴落沒來由的委屈，為何記憶總是辛苦的相思，而非甜美的樂音？

沉默的旅程被解讀成旅行的勞頓，便趁勢假寐，仍需強忍著急湧而出的淚水，這流水太嗆人了。在不丹境內行走，隨處都要遇見流水，對我來說是既愛又怕，就像是吟詩一樣需要消耗許多精神，以及將記憶搬進搬出的痛苦。

然而，山林峭壁間的淙淙流水總是宜人地彈奏自然曲調，勾勒記憶就變成延續性的清洗，越來越輕巧……彷彿進入一個無人空間，放心地掏出所有家當，一一鋪排，按照自己的情緒次序，不論是心酸還是喜悅，都不需要做交代。

這也是我一再進來的原因，相信許多境內雪山上的修行者絕對有比我更深刻的經驗，否則也不會有那麼多著名閉關聖地了。僅僅只是閒逛，就已經清掃了我許多的煩擾，很難想像那山壁上的修行人會發生甚麼樣的境界。

每次接近流水，都被那匆匆而去的水波帶走許多思緒，終究這是出生前的記憶牽引？還是那群聚環繞、層層包裹的雪山所散發的自然魔力？我已經越來越無法釐清了。

不拿卡的母子河會流處，流傳著一個真實故事，不丹人稱之為不丹版的羅密歐與茱麗葉。多年前，一對來自河兩岸的男女在橋上相遇，不久即私定終身，由於雙方家世背景懸殊且素無往來，在階級意識甚強的社會裡，這種戀愛自由是不被容許的，有身份的人家多半由長者安排婚姻。於是，在女方被強迫出嫁的那天，新娘病倒，醫生束手無策宣告放棄，家長只好通知羅密歐：新娘病危，等羅密歐匆匆趕到時，愛人已回天乏術，癡情的羅密歐跟著躍入河中殉情。

我對這個故事沒有感覺，相較於我心中莫名的疼痛，這故事清楚多了。我想，只有流水明白我在說甚麼，我卻始終無法明確地知道：究竟流水儲存了多少心事。

我看著流水灑淚，彷彿我眼中流的是來自河中的甘露……

轉世坐床——那孩子高坐在佛堂裡，適切極了

由於印度簽證的疏失，我必須在不丹境內滯留，直到有飛機班次進尼泊爾（喜瑪拉雅山區唯一有落地簽證的國家），因此接受邀請去參加一個難得的坐床典禮，這也是我第一次看到轉世靈童的神奇經驗。

深入不丹境內，必須經過申請，每一個地區都要一張通行證，除非你可以讓自己看起來完全像當地人，並說流利的宗喀語（Dzongkha，官方語言）或霞秀巴語（Sharchopkha，東不丹方言）。即便是接受邀請，也要獲得政府的許可，外國人是不被允許到處亂走的，這除了是為防範國際竊盜，更因為擔心外來文化無法評估的影響。傳統服飾的堅持，一直是政府的奮戰，必須明令規定逐漸西化的首都市民在公共場所著傳統服飾，尤其是上班時間，不得有任何外來服飾出現在任何辦公地點，即使是訪客也不例外。官員甚至必須披掛傳統肩帶才可進入辦公室，否則若被警察逮著，可是要進監牢的（犯罪

率甚低的不丹，監獄空得很）。由披肩顏色可立即辨識官階，因不同的階級披掛不同顏色的肩帶，一律由國王贈與，從只有國王才能披掛的黃色，到橘、紅、藍白相間，以及白色不等。

跟著一小撮參加盛典的虔誠佛教徒，車隊翻越不丹中部地區往北走，進入較寬闊的縱谷平原。綠油油的梯田蜿蜒在河流旁，自然的富庶顯而易見，不像尼泊爾的山區那樣叫人擔憂，尤其是那田野間的乾瘦農婦讓人不忍多看一眼，好像他們種的糧食永遠趕不上日益增加的人口。而政府極力鼓勵生育的不丹，人口卻始終未能突破百萬，許多不堪貧困之苦的尼泊爾人湧進較富庶的不丹邊境，對不丹造成長年的困擾。

邊境紛擾，幾度幾乎引起戰爭，同時也嚇跑了不明究理的觀光客。這種生存競爭式的戰鬥，雖壯觀卻遠比真正的國際爭戰規模小多了，相較之下，只能當作是械鬥，而他們使用的武器，有時又比真正的械鬥還要原始，石頭、弓箭是主力，沒有像樣的組織與領導，鬧完了也就散了，下回又會因細故聚眾挑起民族意識而暴動，活像街頭打架。

車隊只能停在山腳下，又要步行爬山，他們說只要半個鐘頭就到了，我

不丹電影《高山上的世界盃》導演欽哲諾布主持索南喇嘛七歲時的坐床大典。

不再相信這種不夠精確的說法，事實證明我爬了將近三個鐘頭才到達，抵達時，已經喘得說不出話來。友人領我去見不丹皇太子（當時十四歲，現就讀於英國牛津大學），卻未說明他的身份，我居然沒頭沒腦地當他是轉世活佛頂禮供養。一小時後，皇太子派人退還我的供養，我差點兒沒羞得鑽地洞。

一夜凍得未能好眠，中北部地區較寒冷，不如東部溫暖，站在坡道旁刷牙洗臉，必須讓人一杓杓地倒水服侍，一邊冷得發顫，一邊節儉地使用別人跋涉取得的泉水。身上穿著最溫暖的衣服，仍禁不住顫抖，只好不停地走來走去，直到喝完第一杯熱奶茶，才好過些。

等我們擠進空間並不大的佛堂時，據說法會早就開始好久了。和遠自各處前來致敬的不丹居民一起排隊，遠遠地望見那看來幼小的孩子（後來得知

索南喇嘛（Lama Sonam）露出孩童般純淨、智者般優雅的笑容。

他已經七歲），身穿黃袍端坐在法座上給每一位獻哈達（禮巾）的人加持。他雙眼像火炬般閃爍，堅定的表情完全不像個孩子，有時被一旁的貴客逗弄得露出笑容，又立時嚴肅起來。想起昨日剛到時，大伙兒候在道路兩旁迎接，一個身材魁梧的大漢手抱沿路伸手給人祝福的小活佛，他是如此的稚嫩祥和而柔軟，無法理解他如何承受這三天三夜必須端坐在法座上的酷刑。

然而，眼前的景象證明這並不困難，那孩子高坐在佛堂裡，適切極了，彷彿已經在那兒坐了好幾世紀，自在得很。

如今已近二十歲的貢葛索南汪帝完成了各個層級的佛學課程訓練，將進入閉關實修階段。十多年後再度見面，當我問他是否是第一次閉關，他說：

「十一歲那年第一次閉關，長達四個月，那時年紀小，覺得好悶，常常逃出去玩耍。」

「現在不會了嗎？」

看起來依然沉穩的小活佛答覆：「現在比較清楚甚麼是閉關，有很多功課要做……」

仍靦腆羞澀的圖庫（轉世者）有問必答，既成熟又稚嫩，彷若一個古老的靈魂住進新鮮的生命，還在試圖熟悉中，相當有趣。

相隔十多年，當我第二度向這位小活佛獻哈達，他按傳統禮儀雙手捧著我的雙頰接受禮敬，一股親切的暖流湧上，一霎時，忘了他只有十九歲，彷佛長者般布施柔和的慈悲，我幾乎控制不住地想落淚。多年來穿梭在宗教氣氛濃厚的區域，似乎只有在這種時候才感受到宗教的自然力量。

我盡量，在接觸佛學的時候不去觸碰信仰的部分，卻無法避免在與某些轉世者面對面時的奇特感受，這不僅只發生在我身上，相信很多人都有雷同的經驗，如何將此機緣轉成學佛的力量而非迷信的耽溺，則需要好運氣遇上醒鐘一樣的老師，給予適時適地適當的棒喝。

十九歲的索南喇嘛目前進入長期閉關，以檢測其至今所學的佛學知識。

記得某回到東不丹，在剛剛落成的寺廟旁的院落裡，見一孩子兩眼發亮，忽然心有所感地問他是否是七歲，他告訴我是的，接著我與這自我認證的孩子聊了一整天。這孩子在四歲那年跑回前一世的家，從院落裡挖出生前埋下的一袋銀子，捐給寺院後，向父母宣告出家：「我前世未能認真修行而娶妻生子，今生一定要出家……」同時告訴淚流不已的前世妻子：「妳已經老了，我不能要妳，更何況我要出家了，妳回去吧！」說這話的孩子，當時只有四歲！

這種輪迴故事始終帶給我相當的困惑，然而親自面對面與一個口若懸河的孩子論生死還是頭一回，教人迷惘極了。

就如同漾鐘會暈車的四歲兒子不顧母親反對，堅持送我去機場時，像個老頭兒般教訓彩羚小心駕駛：

「不要說話，專心開車，放慢速度，否則我們永遠到不了機場，而會一起滾落山谷……」

我忍不住問他上輩子是怎麼死的，他居然回答：「我才剛剛出生，還沒死呢！哪兒知道怎麼死的？」

言下之意，這問題冒犯了「他老人家」的忌諱。於是，我立即機靈地改變話題，問他前世住在哪兒，他馬上順口流利地答覆：「附近的一座老房子裡！」

在不丹談論生死，就像家常便飯一樣，毫不稀奇。

寄居在老師家的時候，有位住在同一棟房子裡的老修士受邀去為人祈福，聽說老修士的法力高強，救過許多人。老先生平時頑皮不羈，衣飾邋遢，實在看不出老人家有此本事，在他出門去醫院看病危老友時，忍不住開他玩笑：

「你去幫他念經以後，他就會好起來嗎？那就不會有人死掉了，真不錯！」

老人家回頭眨眨眼一笑：

「我盡本分誦經，重病的人也要盡自己的本分守住他的命。他會不會活下去，是由他自己累積的業決定，跟我沒關係。」

沒料到他是這樣想的，我意外得大笑不止。直到現在，一想起他當時的表情，仍是忍俊不禁。

修習四伽行的僧侶

面謁皇后——腳程快於隨從的雍容皇后

現任不丹國王的皇室婚禮於一九八八年十月三十一日舉行，由頂果欽哲法王證婚。吉美・僧伽・旺秋陛下一次娶進霞鐘仁波切的姪子烏金多傑閣下的四個女兒（除長女與么女外），分別是阿熙（不丹女性貴裔尊稱）多傑旺嫫陛下、阿熙彩羚畔陛下、阿熙彩羚漾鐘陛下與阿熙桑給卻鐘陛下。如今，四位皇后育有五位王子與五位公主，皇太子與長公主同年（生於一九八〇年），皆已二十來歲，而最小的王子則生於一九九四年。

數學不錯的人也許會注意到婚禮的日期與皇太子出生的時間不符，沒錯，國王大婚是在四位公主與四位王子出生之後。這場婚禮非常熱鬧，除了第三任國王不在場，雙方家長與親友，包括國王的四位姊妹與現已過世的九十多歲高齡的祖母皇太后阿熙貝瑪德千陛下，以及八位皇子，都參加了這場盛宴。當然，全民篤信藏傳佛教的不丹皇室大婚，必然邀請了許許多多頗負盛名的仁波切（高階轉世且負修行布施使命者）、圖庫（轉世者）與喇嘛（傳法的上師），按照藏傳佛教的儀軌，慎重地進行了像是法會一樣的結婚典禮。

二〇〇一年十一月二十九日，我在農業部企劃主管同時也是長皇后私人助理奇美旺帝的安排之下，見到了皇后阿熙多傑旺嫫陛下。身兼數職的皇后陛下，除了自己居住的宮殿外，同時還要打理國王居住的宮殿，居間且要應付許多社交禮儀，因此行程十分緊湊。當我為自己的插隊打擾抱歉時，活力充沛且平易近人的皇后陛下快步欣然應答：「暫時都安頓好了，我們可以好好地輕鬆一下。」她剛從國王的宮殿返回，時間恰好是我們約定的十一點，我和奇美旺帝早到了十分鐘。

國王與四位皇后分別住在不同的宮殿裡，至於國王的宮殿就由長皇后阿熙多傑旺嫫陛下執掌打理。

與皇后私交甚篤的奇美旺帝事前警告我：「皇后的行程已滿，能給妳的時間恐怕不多。」然而，我們卻從十一點一直談到下午一點半。仔細貼心的皇后陛下甚至事前已知悉我因服母喪而素食，刻意準備了素蒸餃招待，而我因被皇后的談話吸引，忽略了享用美食。獲知母親逝世帶給我的影響，皇后亦讓我拜訪了她設在宮殿旁的私人廟宇。

經常陪同阿熙多傑旺嫫皇后陛下微服出巡的奇美旺帝說：「也許是我自己的偏見，因為長期近距離地與皇后相處，讓我深感她為人寬厚直爽的美好，從不懷疑她積極關懷百姓的行止。或許別人從不同的角度觀察，很可能產生差異甚大的看法，然而，多年來的共事，從未改變我對皇后的敬意。至少，她是個肯傾聽的主管，這在許多階級意識甚高的國家裡相當少見，即使是強調選舉制度的印度政客，選完就把所有的誓言丟到腦後，表現得高高在上，根本不管百姓的死活，那真是讓人痛恨極了。」曾經與農業部長一起到台灣訪查的奇美旺帝非常讚歎故宮的收藏，「我不了解台灣人的社會狀態，然而看到你們的議會代表互擲鞋子、彼此毆打的新聞畫面，讓人感覺這真是最糟的社會教育，難道不怕對孩子們有不良影響嗎？」我則像個外國人般認同，無法置喙地直點頭，完全忘了自己是台灣人。

近年來不丹皇室推廣民選代表並積極制憲，不斷遊說村民接受民主政治。三年前，國王堅持還政於民，由各鄉鎮民意代表們從各部門首長中選出總理管理統籌中央政府的運作。現任總理適巧是來台灣訪問過的前農業部副部長康卓旺秋閣下，如今轉任貿易部長兼任民選政府首領，掌管扎喜卻宗（意譯為吉祥法廟堂，即國王與各部門首長辦公的中央政府所在地）。據不丹中央研究院主管同時也是制憲成員的羯摩烏喇所形容的今年會議：「許多人還停留在古老的世紀裡，制憲會議時間從早上八點半開始，原定下午四點正結束，然而老先生們還在大談蓮花生大師以及霞鍾仁波切等等，全天幾乎無法切入主題。」教育與醫療完全由政府負擔的不丹王國，人民生活水平仍有極大的落差，泰半由於農村社會需要龐大的人力資源，即使是免費上學，對勞動需求甚高的農民來說，仍是一項損失。因此，教育普及的速度相當緩慢，想要民主化的政府自然也需要耗費人力物力去教育民眾，來平衡都市與鄉鎮之間的落差。

身為農業部監督者的皇后陛下，積極參與許多農業開發的活動，她最大的感慨是：「大部分的農民仍停留在古老的耕作方式，沿用舊模式種植一成不變的農作物。即使我們想盡辦法遊說村民耕種經濟價值較高的農作物，並提供免費的種子與技術，安於現狀的農民始終不情願嚐試新方法。」

不丹皇后阿熙多傑旺嫫在自己的私人佛堂裡上香叩拜。

於是，皇后只能使用個人魅力，一步一腳印地拜訪村民，「我希望他們真的健康快樂，我想親耳聽到他們說出自己的想法。」自幼在不拿卡農村長大的皇后，非常熟悉農民的生活，然而長年在大吉嶺受教育，每次返鄉卻都是收穫季節，因而對耕種過程相當陌生，她說：「每次坐下來與村民討論耕作的經濟效益時，常被村民問倒，因為他們最關心的還是我最不熟悉的耕作過程。這時候，就必須由專業知識豐富的奇美來回答了，沒有她，我簡直出不了門。」

腳程驚人的皇后，在最近一次長達十四天、交通亦不便的偏僻農村之旅中，甚至遠行到海拔相當高且空氣稀薄的地區，即使在隨從都已須騎馬的狀況下，皇后徒步的速度都還遙遙領先男性護衛。當眾人都大感吃不消時，奇美旺帝最讚歎的不僅是皇后的精力過人：「我們這些經常下鄉的人都崩潰了，皇后陛下卻仍須維持一定的外貌禮儀，永遠讓村民看到『好看的』皇后。」阿熙多傑旺嫫皇后笑稱：「我每次都讓奇美做我的鏡子，見村民前，先讓奇美檢查我的儀容是否乾淨整齊，以免失禮，或讓村民失望。他們期待的可是個好看的皇后呢！」

無論在何時何地都保持著一貫優雅儀態的皇后

除關心偏僻地區的農作經濟效益外，阿熙多傑旺嫫皇后最關心的還有村民的健康，每次都會親自檢查村民的健康狀況，一一走進每戶人家，甚至到廚房參觀各村民的烹飪、飲食以及倉儲方式，並介紹新的蔬菜品種。緊接著她會就近拜訪地方小學，時間允許時便閱讀國外新讀物並翻譯成宗喀文與孩子們分享。而皇后最喜歡讓孩子們問問題，有回，一個孩子大膽地問了一個最糟的問題：「妳幾歲？」她還是大方地回答了：「四十六歲！」

皇后拜訪村民時最大的享受是，「每次親手把種子、衣服以及救援物資交給民眾後，與村民們圍坐在火堆旁一起聊天，是一天中最輕鬆快樂的時光。」幾天下來，皇后的手都成了精確的磅秤，幾乎能相當準確地量出一點四公斤重的種子。

除了不斷告誡年輕人應該敬老尊賢，提醒他們傳統文化的重要，皇后甚至帶頭引導年邁的村民唱歌跳舞，她說：「經常唱歌跳舞可以維持年輕的活力，這是早年不丹的傳統。當我鼓勵老人家當眾舞蹈時，剛開始大家都很害羞，後來，幾乎沒有人願意停下來，每個人都很盡興。」

普遍男女平權的不丹，除財產繼承權是傳女不傳子外，工作機會平等（政府機關公務人員甄試機會均等），也有許多男人下班後照樣揹孩子做飯，沒有人會取笑，完全迥異於鄰近男女壁壘分明的印度。當我提出多數的男人大都天馬行空而把善後工作交給較有行政組織能力的女人時，阿熙皇后大笑：「就我所認識的男人，還蠻有組織力的。」這當然指的是當今國王陛下。

阿熙多傑旺嫫去年用九個月的時間寫下父親一生的事蹟，再把這在倫敦出版的英文著作翻譯成宗喀文唸給父母親聽，當時不丹文化研究院的主席羯摩烏喇做陪客協助校閱。其中一篇章節論及父親的第一任情人及其子媳，未料，引起母親的不悅，隔日父親來電央求：「妳一定要寫那一段嗎？可不可以拿掉，妳母親已經拒絕和我說話了！」阿熙皇后堅持必須如實呈現父親生平精采的故事，不能有任何的造作，父親只得無奈地接受，而個性直爽的母親在兩星期後也氣消了。

在我要求參與皇后另一梯次的下鄉之旅時，體貼的皇后居然擔心我體力不堪負荷，而打算安排一段較短的旅程讓我隨行，「不是歧視妳的能力，連那些身強力壯的侍衛都跟不上我的腳程，最後都一一躺下……」如此細心的皇后，確是不丹百姓之福，不論這是不丹風水自然產生的契機，或者是不丹境內到處飄揚的經幡造成的效應，皆已無需深究。一位踏入皇室的女性，願意付出比受薪官員還多的關注與體力，與皇室男性成員分擔同樣的工作量，這一切就已超越男女角色定位的分野了。

總理晚宴——現代知識難解的宗教奧秘

在吉美．僧伽．旺秋國王陛下的要求與堅持下，一九九八年開始執行還政於民的第一步——先讓所有的村鎮選出代表，再由這三十九位代表到首都聽瀑的扎喜卻宗（中央政府）制憲並遴選總理統籌政府的運作。

現任不丹貿易部長康卓旺秋閣下是今年國會代表們選出的總理，五年前擔任農業部副部長期間曾受邀到訪台灣。經歷了新加坡、菲律賓、中國大陸、韓國和日本的農經拜訪之後，最後一站到台灣的台南亞洲蔬菜中心參觀。普獲屬下讚賞的康卓部長描述當時的困境：「我們到高雄機場時已經晚上八點，每個人都飢腸轆轆，沒想到來接機的司機聽不懂英文，往台南的途中，我們五人想盡辦法讓他明白我們多需要半途停下來用餐，但他還是馬不停蹄地把我們送到亞洲蔬菜中心。抵達時已將近十一點，根本沒有人當班，因此大家只好捱餓到天明……」

五年前任職農業部的康卓部長(右)與貿易部長

這也是為甚麼我好不容易與他們連絡上時，康卓部長立刻同意擠出兩天時間到台北拜訪，唯一的理由就是我會說英文。我的簡單招待讓這一行流浪了兩個月的不丹官員賓至如歸，除了農委會的拜訪，中央研究院、故宮、夜市以及他們好久沒嚐到的辣椒大餐——其實不過是到處都看得到的麻辣火鍋，就讓他們懷念了多年，連從未

總理夫婦(康卓旺秋閣下與楊姬夫人)

到過台灣的部長夫人楊姬都能如數家珍般地轉述，五年後依然記憶清晰如昨。

相隔五年未見，在不丹的最後一晚，康卓部長夫婦招待我到竹客飯店用餐，他們不斷提起台北的一切，連我都已忘卻的事件，僅耳聞而未親臨的楊姬夫人卻仍記憶猶新。

席間，楊姬夫人一再推薦我分享她最喜歡的炒麵，由於我自己點的食物已經太多，正努力不懈地奮戰著，就只少少地品嚐了一些。或許因為表現得太禮貌，楊姬夫人以為我很喜歡，又繼續推銷她那一大盤麵食，終於被康卓部長攔阻下來：「不要勉強別人吃東西！」

「噢！這真的很好吃呢！」

這對相處二十多年的夫妻談起話來仍像小夫妻似地嬌甜。沐浴在這少見的親密關係裡進餐，真特別！

對於我的朝聖之旅，自己即將到尼泊爾出差的楊姬夫人非常擔憂：「兩年前父親過世，我和家人一起到瓦拉納西的恆河灑下父親的遺骨，沿途狀況百出。最後，母親決定自己往生時不需要到恆河，以免為兒女製造痛苦。」

對於到印度境內旅遊，楊姬夫人認為是一場夢魘，一再詢問我是否有人協助，並交代我旅程結束時務必打電話報平安，彷彿自家人似地自然貼心。

於是，宗教信仰的議題就這麼上桌了。老實說，我非常好奇現代感十足的康卓部長夫婦如何處理自己的信仰，夾在宗教氣氛濃郁的生長環境與現代西方科學教育之間，要如何看待這宗教活動興盛的地區，簡直是一門大學問。

當我告知母親過世的那晚所帶給我的宗教經驗，讓我多年來嘗試將信仰知識化的企圖瓦解，康卓部長夫婦亦分享了自己的經驗：

「五年前，當國師偈堪布往生時，我訝然見到他栩栩如生地保持著蓮花坐姿，未料，數年後，他的轉世者帶給我們的驚奇一如那往生者依然柔軟如故的遺體。偈堪布圓寂的五年後，我們帶著當年醫治他的醫師去檢視這不可思議的奇蹟，完全無法以科學知識解釋未用任何藥物保存的遺體，如何維持這毫無異味的現狀。而更有趣的是四歲半的轉世者居然承襲了上一世遺留的眼疾，在曼谷治療期間，當醫生問他疼痛與否，他居然回答：『當然痛呀！但我怎麼能夠在此痛哭流涕？』完全像是一位傲然的長者，無法容忍自己失態。」

一般人對加持的趨之若鶩，未必是康卓部長認同的信仰行為，然而對於真正的修行者，他卻是充滿了敬意，「我看待喇嘛就如同我看待一般有各種慾望的常人，不會對每一位喇嘛有過高的期望。只有經過長期觀察，才知道誰是值得尊敬的修行者，就像妳說的，每個人都有自己的緣分，適合別人的老師，不見得也會讓自己得到同樣的成長。我看待宗教的態度，相當務實。」

寧靜地享受了一頓愉快的晚餐，飯店內用餐的客人不多，部長駕臨引起的紛紛致敬，並未造成干擾，也許是康卓部長夫婦的泰然與不倨傲的回禮讓人打從心裡感到舒適。

部長親自駕車送我回家時，交給我一份手工羊毛織品禮物，任職於財政部位居要津的楊姬夫人再度交代：「請不要忘記報平安，讓我放心！」

見面僅三回，卻待我如親人，難怪他們夫妻倆的部屬都如此敬重他們的長官。

特權之始——壯碩風趣的皇家侍衛長

不丹王國的軍隊全都交由印度軍方系統訓練，甚至在不丹境內也有許多印度政府派駐的傭兵。在不丹，隨處可見印度工程師帶著動作遲緩的瘦弱尼泊爾工人在山間架橋修路，不停地修築坍方路基，遇上重大工程時，印度政府也會慷慨地派軍方支援。不丹人多半不願做這種苦力的工作，樂得讓外人接手。

第一次見到皇家侍衛長嘎賓上校，是在茶篦大典上。典禮人山人海，除了國際訪客外，還有兩百多位來自各地的藏族老師、圖庫、喇嘛，以及圍籬外擁擠的人潮，要維持秩序，需要相當的經驗與威儀，而如何震懾混亂的現場，既考驗耐力更考驗精力。連續多日不眠不休的儀式進行，更十足展現了藏族的堅忍毅力。

當我擠在隊伍中瞻仰臨時搭蓋的火化舍利塔，只見一高大魁武著軍裝的將領指揮若定地調度著由印度傭兵為主力所組成的部屬，那場景讓人肅然起敬，相較於一般體型嬌小的不丹百姓，嘎賓上校的壯碩與威武非常醒目。當我正研究著他那特異塊頭時，忽然迎上他善意的微笑，訝異這凶神惡煞般的大漢居然也有溫柔的一面，他竟向我擺手示意，挪出一個視線較好的景點要我過去。他告訴我國王以及重要貴賓即將到達，我佔的位置首當其衝，可以拍到很好的角度（當時宣佈不准拍照，我雖攜帶攝影配備但未打算使用）。這是第一次享受到特權的滋味。

嘎賓上校

後來，這首席皇家侍衛長讓我見識到甚麼叫做特權的充分應用。

初來乍訪一個國度參加如此盛會，心裡毫無準備，同伴們已陸續轉道印度離境，我卻因為簽證疏忽而必須過境尼泊爾。在老師的協助下，再度見到嘎竇上校，他取走我的護照代我辦理延期簽證，並在不丹航空上百人的候補機位裡將我擠進旅客登機名單，直到上了飛機，才真正感受到他的魅力與威力。

往後，幾次進出不丹，都是倉促間決定，一通電話就結束了我的簽證申請，愛停留多久就可停留多久（最長曾停留過兩個月，對外國訪客來說相當不尋常），完全不需任何手續，甚至連在機場通關都有人服務代辦，把護照丟下，不必提領行李就可走人，霸王極了。

數年後，我帶朋友入境，因為不是獨自一人，便相當規矩地事先申請，還到印度首都新德里的不丹大使館去填表等候通知。未料，在新德里遇到共事過的不丹官員，邀請我們翌日一起飛巴洛，我告以兩天後才能拿到簽證，他竟然說：「妳不知道自己的名字叫做愛麗絲嗎？跟我去機場，我保證妳不需要簽證就可以上飛機。」我以為這位官員有特權，他卻說：「有特權的人叫做愛麗絲，不是我，我知道妳有特權，絕不是因為我。」

原以為他開玩笑，被這一激將，引起我的好奇心，試試又何妨？最多白跑一趟，就當是去送機，反正我的行李並不多，行李帶太多的是我那位煩人的攝影朋友，正好讓他吃點兒苦頭。

到了機場，這位官員讓我打一通電話通知嘎賓上校我上飛機了，然而我並沒有連絡上正在皇宮當差的侍衛長，只留了話，就這麼堂而皇之地買了機票進機場。直到坐上飛機仍讓我忐忑，萬一要是進了巴洛海關發現我沒有簽證被原機送回，這可是個沒有機場旅館的國家，而且並非天天有好幾班飛機可供選擇。

不過，能夠坐上飛機就已經相當稀奇了，通常，沒有簽證是買不到機票的。

兩個半鐘頭後，嘎賓上校出現在巴洛機場，我正納悶他怎麼跑來了，準將軍已經哇哇大叫：「我正在值班，聽到妳的留言，趕快跑來，我如果不親自來，妳休想離開這個機場。」天哪！如果他沒接到留言，我豈不麻煩大了，而那個頑皮的官員跟我眨眨眼，溜走了。

一路上，嘎賓上校已經開始報告我翌日的行程，包括隔日中午公主請吃飯。當時仍沒有媒體的不丹，新聞傳播的速度比想像中快多了，忽然感受到在這如此偏僻的國度居然沒有隱私，渾身不自在起來。我的朋友不知事態嚴重地興奮嚷嚷：「我就知道妳很有辦法，酷斃了。」

我堅持住在小女孩彩羚家，那裡有我熟悉的環境與相處自在的家人，即使公主好意提供別館讓我舒適居住，但相較於皇室予人的拘束與壓迫感，我選擇與朋友相聚。彩羚的口無遮攔，正符合我的放縱不羈，連彩羚的母親都說我們年齡相差雖大，卻彷彿是絕配一樣地沒有絲毫代溝隔閡。

嘎賓上校的太太在財政機關工作，他的親戚位居要津、遍佈外交以及許多重要單位，他自己則是皇室主要成員的侍衛隊長，因此，算得上是個能呼風喚雨的人物。但是他在家中七個孩子面前，卻是個非常幽默可愛的父親，若非親眼瞧見他那四歲小女兒在他身上爬上爬下地揪耳朵捏鼻子，很難想像這威儀凜凜的壯漢可以在家中扮小丑取悅孩子。更教人吃驚的是他不當差時的頑皮……

一回，為視察國王出巡使用的別館安置，利用休假閒暇，他邀請我和孩子們與老人家一起下鄉參觀。我們攜帶了不丹式的旅行餐點，除了當季的橘子、蘋果外，有保溫的菜飯與奶茶，還有家庭手工自製點心與炒米。沿途在郊外吃吃喝喝，好不愜意，尤其是看嘎竇上校逗弄路人，我雖聽不懂當地語言，光看他們對話時的豐富表情，以及那戲劇化的起伏語音，就很引人入勝了。

即使是經過路口，嘎竇上校都不會放過偶爾經過的年輕女孩，有個女孩試圖推銷自家園子盛產的橘子，非常積極地遊說討價，枉顧對方努力意圖的嘎竇上校不停地詢問女孩是否有男朋友，願不願意跟隨他回家做小老婆，他一定會善待她的家人。沒想到女孩很認真地詢問年紀，得知差距甚大後，非常乾脆地嫌棄嘎竇上校太老了，她不喜歡。嘎竇上校哈哈大笑答覆：「我長得不難看啊！雖然年紀不小，卻是經驗豐富又仍體力強壯，妳要不要先試婚哪？若不喜歡，我可以再送妳回家……」

「你家裡已經有老婆、孩子，否則我還可以考慮……」女孩回說。

這年輕的村姑居然如此頭腦清楚，兩人一來一往地把我搞糊塗了，幾乎要相信他們是認真的，最後嘎竇上校以內心嚴重受傷為藉口，結束了這場滑

賣橘子的女孩

稽的對話。而最氣人的是，攪和了半天，我們竟沒有買那女孩的橘子，我訝異地瞧著嘎賓上校揚長呼嘯而去，他居然還一笑置之。

嘎賓上校非常喜歡扮演翻譯的角色，總是不停地讓我和家人、村民對話，這對他說來似乎變成我到訪的最大娛樂，尤其是有老人家來訪時（嘎賓上校的家族龐大，任何時間都有親戚到訪），嘎賓上校更是興致勃勃地挑起任何話題。有回一位老先生忽然說他很喜歡我，因為我完全不像外來客並自在地融入他們的生活，簡直分不出我和家人有何不同，看我吃飯的樣子也好像已經住在那兒很久了，這是一般外國人做不到的，因此他非常欣賞我的生活態度。嘎賓上校表示我與藏族朋友相處多年，早就已經不是外國人了。

這位憑空冒出來的朋友，賦予我許多特權，把我當貴族伺候，甚至告訴他的家人朋友：「愛麗絲是貴族！」當我輾轉聽到這種說辭，簡直無俚頭極了，搞不清楚他是根據甚麼，只能當作是笑話吧！這也許是他向人解釋厚待我的最佳藉口，尤其是在這種階級意識濃厚的地方，怎麼說都會有人相信的。因此，我漸漸失去了隱私，越來越多人對於我的存在產生興趣，去哪兒都有人散佈訊息，在這種人口不多的地方變成注目標的，恐怖極了。

後來，我不得不與嘎賓上校保持適當距離，以免讓他的熱誠款待成為我無法承載與回報的盛情。然而，不丹人的友誼是永久的，不論過了多久或到哪兒，他們的熱情不變，永遠始終如一地待你為最親密的朋友，彷彿血脈相連的親人，這是我多年來累積的寶藏之一。即使多年未聯絡，只要想去不丹，嘎賓上校仍會為我辦妥需要的任何通行證件。

公主盛宴——天生嬌貴難自棄

第一次見到凱桑公主，是在頂果欽哲仁波切的荼毘大典前，她到我們這群國際訪客聚居的小木屋拜訪與她同年的老師。據說她是老師青梅竹馬的初戀情人，始終無法忘情幼時的記憶，只要老師回不丹，一定每天晨昏定省，準時報到。

清秀貌美的凱桑公主是現任國王最疼愛的小妹，傳說她曾經運用國王的權勢逼使長年遠遊的老師返國，卻都未能影響老師不婚的決定，即便如此，她還是無法不關心老師的行蹤。我猜想這也是我被鄭重款待的真正原因。因為我是老師的外國學生中，唯一經常拜訪不丹的異類，想要知道老師的訊息，我似乎成為她身居深宮的不可多得機會。

每次看到凱桑公主，都會激起幾分憐惜，她單薄精緻得讓人聯想起「紅顏薄命」。人人都稱讚她的蕙質蘭心，對待下人十分友善，從不訶斥任何隨從，然而她的封閉空間，很難讓她逃出束縛，無法真正追求自己希冀的理想生活——藝術與愛情。培養藝術必然要投入大量工作經驗，她表示皇室不允許；追求愛情，必須走出皇宮，而她邁不出幾步就必須回家。她的愛情只能發生在自己的屋簷下，這也是老師逃離皇室婚姻的原因吧！一個是政治貴族，一個是宗教貴族，到底誰該嫁給誰？誰又該住到誰家去？愛情與婚姻在這裡似乎變成了勢不兩立。

第一次進公主家，她客氣地出門迎接，讓我受寵若驚。除了盛宴款待，並主動貼心地提供她閨房內的電話讓我打國際電話回家報平安，也為了怕我無聊，找旅遊經驗豐富的朋友做陪客，而我能夠提供的訊息非常有限，天知道雲遊世界各地的老師到底又怎麼了，這頓飯吃得真愧疚。臨行，還帶走一套公主的禮服。後來，當我穿著這套衣服去機場時，沿途遇見的老百姓都不敢抬頭看我，一個個趕緊彎身迴避或鞠躬哈腰。連我走進不丹朋友在尼泊爾開的店內，適巧裡面坐了一群不丹人，全部立即起身摀著嘴衝出門外，鬧得我的朋友哈哈大笑，而我，一頭霧水。後來才知這禮服還真不能穿著到處招搖。

公主贈送的禮服

送禮在不丹是基本禮儀，我家裡就收藏著各種不丹朋友們送的禮，當然，這也成為我過訪不丹的困擾，認識的人越多越煩惱，簡直無法失禮，總要準備相當的回禮吧！真是一門大學問呢！

即便如此，凱桑公主還是一再地請我吃飯，有時到飯店，還邀請姊姊與堂姊妹做陪客。暗忖不知該不該把這份人情還給老師，同時又很難將此情誼視為樸素的友誼，一方面基於原因的複雜，另方面也害怕接近皇室後各種可預見的拘謹，因此，鮮少主動聯繫。

十一月二十日，我第七次到不丹的第二天中午，再度到凱桑公主家用膳，她邀請兩位老朋友做陪客，仍然客氣地在汽車停妥時立即走出門外迎接，以西方式貼頰禮儀招呼。多年未見，她又多添了一個小兒子，歷經兩任丈夫，已經有三兒一女的公主，逐漸變成忙碌的主婦，衣著樸實，仍未失一貫的典雅溫和，不時詢問台灣的情形與彼此熟悉的朋友，並邀我返台前再聚。

我看不出她很快樂，也無法認為她不快樂，這或許就是「成熟的人生」所煥發出的寧靜嫻雅吧。她平靜地略過老師的訊息，不再談論老師的行止。不知是否我多心，心裡劃過一絲寒氣，涼颼颼地讓人哀傷。但願，這只是我一廂情願的期盼，卻也對成熟嫻靜的凱桑公主多了一份不同的欣賞。

人與人之間有一定的緣分，是這個國家普遍接受的文化，然而人的感情卻不能以任何規範來度量或制約，理性上接受的事實，不見得能說服非理性的感覺。這一次次的拜訪，讓我體認到更深刻的真相——沒有任何生命的軌跡可以塗改修飾，「曾經」一直會是我們內心深處的牽掛。

畫家之旅——看不倦的雪國山水

由於家族的感染，對繪畫、舞蹈和音樂有著無法割捨的癖好，即使資源貧乏，仍結識了許多窮困的藝術工作者，享受到學院以外的豐富藝術世界。典型的「窮則變，變則通」，是我從這群藝術工作者身上學到的最大功課。

曾經因為朋友的引介而認識了住在香港的上海畫家李沙夫婦，因李沙對水彩的堅持，以及夫人洪淑天賦異稟的細緻品味與韌力十足的文筆，我慨然允諾拔刀相助，充當業餘藝術經紀人。十年前的藝術市場剛好開始走下坡，然而我辛苦為李沙安排的系列水彩畫展，仍受到相當的好評。

與李沙夫婦的關係越來越像朋友，由於沒有子女，他們更待我像親人。信仰基督甚虔誠的洪淑每次見面都一定要遊說我加入她的宗教世界，即便我告以自己特殊的宗教經驗，包括我對基督教世界並不陌生的成長經歷，以及後來進入藏族生活思維的機緣，仍未打消她說服我的動力。我想她的確非常

左起：作者、洪淑與李沙夫婦

愛我，希望我在思想上與她更親密，然而，信仰與友誼不一定貼切相容。我依然深愛李沙夫婦，如同他們對我的關愛，卻並不打算改變彼此的信仰差異（我甚至嘗試表達這只是文字表現的方式不同，其實基本理念的精神差別並不大，除非……）。為了增進這對摯愛朋友對我另一面的認識，我邀請他們同遊不丹，理由是為來年畫展的新主題：喜瑪拉雅的雪國之旅。

幼年曾經在印度住過的洪淑非常興奮地答應了。

我們打道印度前往不丹的安排，的確讓他們十分高興，尤其是洪淑，像小女孩一樣地雀躍，忽然回到童年的記憶裡，嘰嘰喳喳地細數她熟悉的食物與印度的各種風俗民情。那番景象，有趣極了，差點兒讓我錯以為「宗教文化落差」很容易就能化解。

剛在不丹巴洛機場降落的時候，向來沉默的李沙忽然說：「我喜歡這個地方，如果可以的話，我不反對一直住在這裡畫畫，一整年都不會覺得無聊。」洪淑也表示雖然他們曾經去過歐美等無數國家，對於不丹這種渾然天成的自然美景仍深感震撼，一路讚歎不已。

對各種傳統工藝服飾有敏銳觀察力的洪淑，像是找到了寶藏似地，每天回到彩羚的家都興高采烈地展示她的戰利品。我最佩服的是她打包行李的能力，兩只輕便的拖曳小行李，居然可以裝下他們夫婦倆人所有的衣物、盥洗用具、備用旅行藥品，以及沿途撿拾的各種寶貝。我左看右看地研究半天，真懷疑自己是否有此本事打包，換做是我來裝填這些東西，保證變成兩倍以上的尺碼。在她那打從一開始就看來飽滿的行李中，仍持續地一路裝填新貨，好像神燈似地可以裝下無窮物品，每次看她輕鬆地拎著那兩只鼓鼓的包包，都讓我懷疑她有神奇魔法棒。

後來，禁不住我的好奇，洪淑演練一次她裝箱的過程，仔細地解說她如何選擇旅行用品、利用各種材質的特性捲裹衣物，以及如何善用每一吋空間。即便是如此擁擠的打包方式，在沒有攜帶熨斗的情況下，她的穿著仍維持端莊講究，訣竅在於衣料的選擇、重疊式的打包，以及每到定點後的安置，若有需要，則先灑水風乾再利用床板當熨斗，隔夜即可壓平。洪淑對物質的準確掌握，簡直可以開一門精采的生活常識課程，包括她精簡的採購竅門，都是絕活。她可以用一般人一半的正常花費，卻過著看來十分豪華享受的生活。洪淑腦中的數字概念與藝術品味實在結合得完美無缺，任何人見識過她的生活管理，都不得不拜服。

我與彩羚帶著李沙夫婦，從西部的巴洛、聽瀑路經中北部到東部。沿途的鄉村風光，著實讓李沙有許多豐富的繪畫素材，幸好他們對不丹特殊的辣椒菜餚還能接受，沒有豪華旅館，只有各式簡樸木屋，他們也相當適應，甚

山境

至從中找到趣味。這對夫婦的童心未泯非常適合旅行，唯一美中不足的是臭蟲專門欺負外來客，卻也未引起任何抱怨，我事前的過慮這才煙消雲散。

很幸運地，半途遇見我曾經幫忙翻譯過的不丹老師，熱心地安排我們住進國王的離宮（並不豪華寬敞，只是比較精緻的木造房子），讓我們免於露宿街頭。小村鎮不多的旅館空間皆滿，我們熱鬧湊得正是時候，猜秋一開始，來自各地的旅客便立時塞爆了僅有的幾間小客棧。

有趣的是，原以為行館與旅社或民宅應該有所不同，其實差異並不大，也許材質與細部設計有些許不同，但若不是居住得久，並不太容易察覺，這是我兩次帶朋友來時，他們都有的相同反應。藏式裝潢一般將地毯鋪在地板以及座椅上，牆上也掛有各種藏傳佛教的唐卡做裝飾，而公共場所與居家客廳一定掛上國王的相片。這與尼泊爾百姓喜歡將國王與皇后的相片擺在一起有點兒不同，也許是因為不丹國王同時娶進一家姊妹，有四位皇后的關係吧！真要全掛，還不太好安排呢！李沙夫婦對這國家百姓的忠誠感到有意思，尤其是看來憨厚的村民，幾乎生活在各式佛像造型的圍繞中，形成某種神秘景觀。偶像崇拜在基督教的世界是被禁止的，若非他們的藝術涵養使他

屋前的經幡是不丹代表性的景觀，也是法事不斷的證物。

們對這些雕刻繁複的廟堂產生興趣，以洪淑對基督教信仰的虔敬，恐怕會醞釀出某種程度的反感。然而效應還是產生了……

半年後，我到香港去看不丹之旅的作品，沉著臉一幅幅的看完，我啞口無言。除了少數幾幅人物外，許多李沙擅長的景緻技巧並未達到他慣有的水平，尤其是留白空間的張力，非常需要精神上的共鳴。他表示：「近來受洪淑影響，開始投入傳教工作，對這些佛教地區的素材產生排斥感，我勉強自己去完成這些作品，完全是為了答謝妳。這些作品除了我最喜歡的那幅人像，其餘全部送給妳，我知道妳對這個國家相當投入。就這樣了，我自己也不太滿意。」

我對著這些畫看了好多年，越來越明白靈犀相印的重要，這遠非熟練技巧能夠穿越的，以李沙數十年專心一致的功力，都會擺出市場畫的質地，更遑論那些油頭粉面的「藝術家」了。

農業支援——最好的禮物是維持不變

第三度進入不丹，是因為長年協助佛學院的募款工作，讓我思考如何以自立自強的方式協助他們。長期壓榨那些沒有宗教信仰的朋友們，讓我有點兒疲倦與內疚，雖然他們仍善意地捐助教育基金，這畢竟非長久之計。

適巧某次居住在老師位於聽瀑的家時，前來拜訪的信徒中有位農業官員對於我曾經帶農業專家去新疆天山南北路各農場視察交流的NGO經驗相當有興趣，於是建議將台灣著名的精緻農業做某種程度的轉移，也許彼此可以從中研究出讓寺院自給自足的半耕讀方式。這種透過官方的資訊交流，建立一個良好的互動機制，對於沒有邦交的兩個國家亦不無幫助。

於是，我興致高昂地參觀不丹農業部，收集各種資料，除精確的農業分佈圖外，甚至涵蓋各級官員的研究論文。我同時也造訪剛在最富庶的不拿卡縱谷成立的農學院，向丹麥籍的校長請益，對於他長年研究不丹境內農業發展的精神非常欽佩。

抱著相當厚重的資料回國，立刻與國科會以及外交部亞洲司的朋友們聯繫，安排讓不丹的農業官員造訪國際赫赫有名的農委會。然而，沒想到後來他們進入台灣的管道竟是經過台南亞洲蔬菜中心（在台灣非常低調的這個中心，是個在國際上有重要地位與貢獻的農業研究單位）的安排，而把台北的行程留給了我。

更沒料到，外交部收走了我的資料，卻對這知名度不高的小國興趣缺缺。幸好農委會的官員雖對「不丹」這兩個字陌生，仍非常禮貌地接待了這批訪客，同時我也設法將他們安頓在中央研究院，以節省他們的旅費開支。此外，我自己充當導遊，帶不丹農業部副部長與隨從等五位官員參觀故宮博物院，對於我如數家珍般介紹故宮文物的本事，讓他們疑心我的正職是在故宮工作，這對我說來真是種讚美。

後來，不丹農業部派遣兩名基層官員到台中農林試驗所接受短期的菇菌培養訓練。其實，在不丹有非常多的野生菇菌，應該是由我方專業人員去採集標本才對，然而農林試驗所沒有這筆額外預算，也就很難交流，長期研究菇菌栽培有成的彭博士就表示退休後一定要自費前往採集。

我的仲介只開啟一線小小的連結，或許因對方的國際知名度不夠響亮，我方官員沒有積極運作的意願，這項接觸最後不了了之。如果外交部知道在不丹有聯合國長駐官員，並且與歐洲各國有著長期的農業、水力發電與各種技術的交流，日本亦無償支援其基礎建設，不知會做何感想。一個國家的邦交，應該建立在共同理想與長期互助的理念下，才可能獲得真正的友誼與敬重，我國砸錢購買國際友誼的作風，不知道真正圖利的是誰？

後來進出不丹數次，看了許多不丹的農地與仍嫌落後的耕種方式，才知道他們依賴的是東部富庶的農地以及未曾受化肥與農藥污染的原始耕地，這份堅持就非常具有前瞻性，應該感謝丹麥、瑞典、瑞士及日本等文明國家的誠懇援助，他們的協助出自於真誠的疼惜，所有的支援都建立在保護自然環境的基礎上，包括地下水力發電。有位台大教授聽了我的陳述後，如此下結論：「如果妳真心想幫助這個國家，就甚麼也別做。這世界上還存留多少未受文明污染的國家，妳告訴我。」一語驚醒夢中人，若非足夠的誠意與成熟的知識，「幫助」很容易變成危害，尤其是開發中國家失控的人潮，是任何制度都無法抵擋的禍害，再加上難以控管的高科技發展，更潛藏著人類無法評估的災難，我們憑甚麼認定未開發的國家就一定比我們「落後」？

就讓那些無憂無慮的農民，赤腳踩在自己小小的農地上撒種收割，又有何不妥，這其實才是我們夢寐以求的仙境，不是嗎？

曾經聽過一個小笑話，有人勸說每天閒散度日的朋友努力賺錢，好為晚年的歸隱田園存老本，正在釣魚的朋友答覆：「我已經在過這樣的日子，幹嘛要去城裡受罪？」

於是，當時我那不太專業的協助就堂而皇之地停擺了。然而，老天爺似乎不太允許這種懶惰思維，五年後，不丹農業部又與我聯繫上了，他們計畫在今年派出五位專業人員來訪，只可惜我國外交部沒有正面回應。我們駐外單位的思考模式真令人費解，不丹使館兩度被打回的簽證申請，讓我疑惑我國「交朋友」的標準究竟是甚麼呢？

不丹唯一的農學院，位於不拿
卡河流縱谷。

叛逆精靈——男人如此多，時間如此少

有回走陸路進不丹，先乘坐小飛機到印度邊境再坐旅行車到不丹與印度交界的貨物集散地噴錯林（Phuntsholing）進不丹，全程兩天一夜，被不丹老師派來接待我的就是彩羚一家人。

對彩羚的第一印象，老實說，糟透了。天知道我們居然會變成忘年莫逆！

當老師指著一個瘦瘦小小、頭髮短短、桀傲不遜的單眼皮小孩，我還沒來得及分辨那到底是男孩還是女孩時，她就斜著眼睛對我說：「噢！妳就是愛麗絲呀！已經談到妳老半天了……」心想這看來只有十幾歲的小毛頭口氣倒不小，老師已開始介紹：「彩羚是個非常稱職的導遊，這一路就交給她啦！」如此一來，豈不慘哉！一看就知她古靈精怪、花樣不少，想要讓她幫忙，等於自找麻煩。琢磨著該如何拒絕時，她那對沉默寡言的父母忽然出現

彩羚在印度市集的糖果店裡選購久違的零食。

安排我們上車，我根本沒有機會迴避，只能接受。

所幸，有這一家人的幫忙，否則當場就被困在邊境，因為沒有進入特區許可證，我連機場都出不去。

在印度有許多禁區是需要再度簽證的，我們這些外國人哪裡知道哪兒需要申請入境許可，正常的做法應該是在我們買機票的時候檢查證件是否符合，就像不丹皇家航空公司那樣，沒簽證根本不給訂位。然而，這些可惡的印度人不但賣機票給妳，還讓妳一路坐飛機坐到目的地才告訴妳：進入禁區需要簽證。我差點兒就在機場罵髒話，但仍忍不住憤怒地把邊境官員訓了一頓，而這些搖頭晃腦的印度官員竟一點兒也不在意，笑瞇瞇地讓我罵到累為止。後來，是彩羚悄悄地走到我旁邊咬耳朵才平息了我的怒氣。

她說：「我非常佩服妳的勇氣，不過，妳只是浪費力氣而已，我們走吧！」我們向印度官員保證只是過境此地「回」不丹，絕不進印度特區，才獲得允許離開。

嗯！果然出人意表，彩羚的機靈我喜歡！

當我開始喜歡她的一剎那間，她原來冷峻的臉龐也開始有了笑容，完全換了一個人似地嘰喳不停，不過短短幾分鐘，我們就成了至交。

彩羚喜歡我的直接，我則欣賞她的聰慧、坦率、細心體貼卻又不失成熟婉轉（標準的好漢不吃眼前虧），我在她身上看到一切自己欠缺的優良特質。跟彩羚比，我簡直像個莽撞的傻子，愣頭愣腦地常闖禍又死愛面子不肯轉彎，她則打了一個窩心的比方：「跟妳在一起不必費心機，因為妳根本不知道甚麼叫做七拐八彎的心腸，安全得很。」而這孩子足足比我小了將近二十歲！

事實證明彩羚果然是個好導遊，看她猴子似地不安分，卻從來都不厭其煩照顧來來往往的旅客，換做是我早就大喊吃不消了，更何況這裡面很可能有我們都不欣賞的人，而她又不是專職導遊，只是被迫照料客人罷了，卻從未看到她給人臉色。

只可惜，聰明的孩子總是難以駕馭，身為獨生女，父母脾氣又好，可以想像彩羚是如何地被驕縱了，所幸家中有寄居的表姊妹，稍微平衡了她的任性。然而，不丹女孩的早婚習俗（反正遲早要嫁人，受教育簡直是可有可無的裝飾品），讓父母忽略管束彩羚的就學態度，使她長期輟學在家，高中沒畢業又無法就業，整天無所事事地到處玩耍，人生觀都虛無起來。

我連拐帶騙地一路將彩羚當隨從般拎著走，從不丹全境往印度到香港再回台灣，整整玩了好幾個月，再狠狠教訓她一頓，又哄騙她去印度完成學業，答應她若能順利地大學畢業，將資助她到國外就讀研究所（彩羚恨不得遠離家鄉，只要能去任何國家，甚麼理由都行）。如此這般地想盡辦法誘拐，耐著性子聽她抱怨學校老師有多麼愚蠢、課程有多麼無聊，好說歹說地告訴她沒有這些不盡如人意的教育過程，拿不到看來無用的文憑，哪兒也去不了，更別提還能做甚麼了。

沒有人相信，彩羚真的畢業了。

彩羚通過印度同等學歷考試，再申請就讀大學，雖然不斷地換學科，她仍然混畢業了。我原本答應去參加她的畢業典禮，之後帶她在印度全境旅行，後來時間沒安排好，也就作罷。

畢業後，幾度徬徨於就學（平時愛讀書的她根本就討厭學校教育）與就業之間的彩羚，終於在不丹成立BBS新聞電台之後成為廣播記者，當然，意料中的，也同時成為她老闆的頭疼分子。

認真工作的彩羚希望將來能成為製作人。在人口稀少的不丹製作節目非常辛苦，人人都害怕上電視，逼得彩羚讓攝影師躲在背後偷偷拍攝她捉狹的採訪，鬧得所有朋友都躲得遠遠，再也不敢跟她打招呼。

我不曾看過彩羚的房間維持同樣的佈置，她無法容忍一成不變的空間，每隔一陣子就要大搬家，幾乎所有的家具擺設全部移位。這回，彩羚甚至用顏料塗滿房間窗門牆壁，就連馬桶都不放過，更別提浴室的磁磚以及無法辨識的穿衣鏡，有些牆面還畫上彩羚自己的裸像。

這個讓父母羞於面對的創作，曾經在不丹首都展覽過，而且還有國外的展示邀約。

經常趁父母旅行時狂歡的彩羚，有句至理名言：「這麼多的男人，時間是如此的少，真不知該如何分配？」她曾經同時與好幾個男人約會，因為無法選擇終身伴侶，外表看來荒唐的彩羚卻有相當意外的丈夫條件——忠誠。她認為在不丹找不到讓她相信的男人，「人人都有婚外情，因為在這個國家沒有一夫一妻的制度，任何人都可以在任何時候偷情，甚至大大方方地帶回家……我不能容忍自己假裝大方，更無法看到自己活在忌妒的深淵裡，這不是我要的婚姻。」當我告以彩羚的父母一直恩愛如故，她居然說：「天知道爸爸是否在外面有情婦，也許只是我們沒看見而已，通常是全世界的人都知道，只有當事者不知情。」

彩羚說：「自認為聰明的人多半很難找到伴侶，因為自主性太強，誰也不願意屈就，對女孩來說更難，她必須找到比自己更優秀的人，而有這樣條件的人又很難伺候。」因此，彩羚有許多聰明美麗的女朋友未婚，她們的人生觀是：今朝有酒今朝醉！與其讓男人奴役，不如自給自足。

小女孩長大成人了，現代感十足地讓人無法置信，這可是在喜瑪拉雅山區的女孩呢！

幾天前，忽然收到彩羚的email告知，她要結婚了，新郎是不丹人。未親眼確認前，我還不敢確定她是否在開玩笑，雖然，我已經從許多朋友那兒獲得了證實。

中國、不丹與印度服飾大變裝(左起：彩羚、麗娜 、作者)

鄉間孩子

無薪雜役——拒絕學校教育的另一種思維

每次到不丹最大的享受，就是有人服侍。

早上醒來就有room service，我可以在房間床上躺著喝茶、用早餐，洗完澡把衣服一丟，馬上有人拿去洗乾淨、曬乾燙平後，整整齊齊地放回我的房間。

剛開始很不習慣讓人伺候，常常心裡抱著罪惡感，然而家家戶戶都有人服役，有男孩、女孩，大大小小地一屋子，有跑腿、開車、做飯、掃地、洗衣、帶孩子的，也有專門做女紅、紡織的，久而久之，就沒有選擇地接受了。更何況，這些孩子經常是笑瞇瞇地端茶給我，倒像是額外娛樂地偷偷參觀我這位只會說英文的外來客，鬧得我只有坦然接受。

最讓人意外的是，這些來自鄉村打雜的孩子們竟大都是主人的遠房親戚。由於鄉下地方沒有節育觀念，孩子太多無力養育，便送到狀況較佳的親戚朋友處打雜，尤其是住在城裡的親友經常會不斷地接受托養，並只要供給食物與保暖的舊衣服就夠了。善心的主人甚至會送這些孩子上學，讓他們長大成人後有更好的就業機會返鄉照顧親人。

漾鐘是彩羚的表姐，漾鐘父母早逝，四姊妹都在彩羚家長大，受到與彩羚同樣的照顧，但仍須幫忙家務。在這裡，不論家中是否有雜役，所有的人都要幫忙。因個性使然，也由於媽媽的縱容，彩羚算是比較懶惰的孩子，自稱對任何家務都一概「笨拙」，她的理由非常冠冕堂皇：「不是我不願意進廚房，而是我父母很挑剔，只吃特定食物，我做的東西，他們無法下嚥。」

漾鐘婚後，也同樣收養鄉下來的孩子，教導他們做家務分擔家事，同時也送他們上學。然而有些孩子只願意打雜，害怕上學，漾鐘想盡辦法善待這些孩子，但就是有人要逃學，漾鐘的先生不願讓這些孩子一輩子打雜，希望他們有較好的未來，但是無論好說歹說就是無法改變鄉村孩子單純的生活觀——做家事不需要學校裡的知識！

婚後被伺候得養成惰性的漾鐘說：「我雖然還是自己洗衣服，但也很清楚知道自己在有人幫傭後變得懶惰了。」每個月給廚房小女孩五百塊錢盧布

傳統式樣的校園建築

零用錢，並幫她存在銀行的帳戶裡，漾鐘頑皮地笑自己：「妳知道嗎？她比我還有錢，因為除吃住不用錢外，所有生活必需品都是我提供，結果，我鬧窮時，反而還要向她借。在不丹，很少人給雜役薪水，只提供吃住，因為鄉下地方的食物較差，可是我和先生都希望她們有自己的未來，而不是一輩子把她們留在家裡打雜。」

生活教育其實來自於日常瑣事，如果這些鄉間孩子能夠在城裡獲得較好的生活常識，未嘗不是一種必要的教育，而打理庭廚若能帶來好手藝，亦可以成為很好的生活技能。漾鐘希望將來有能力成立孤兒院，收養被遺棄的孩子們，給予他們適當的教育，其中若有優秀的孩子，則可以培養為有用之材，否則便教以謀生技能，有了一技之長便能自給自足。

漾鐘說：「以前工匠相當受重視，尤其是蓋房子的木匠師傅，因為不丹的傳統房舍大都是木造的，不論外觀或內部裝潢，樣樣需要許多木工。因此，在房子完工後的盛大慶典裡，會特別設置師傅的主位，讓所有人致上禮敬，屋主的親友也在典禮上一一送他禮物。這是非常好的傳統，可惜現在逐漸流失了……」

這些不領薪水的雜役，沒有資財，沒有煩惱，反倒是他們主人的憂慮多些。

自然節奏——這裡的生活不需要時間

漾鐘最喜歡不丹的優點是，「在不丹生活不需要時間，你可以在任何時間做任何事，沒有人會覺得奇怪。任何時間都可以用餐，任何時間都可以工作或睡覺，雖然有官方時間，但照樣有人不遵守，既不會被懲罰，也不會有人責怪你。」

彩羚父母的作息時間較正常，午餐介於十二點至兩點之間，晚餐在七點至九點之間，這在不丹算是異常的。彩羚的同事們大都不會準時用中餐，因為「你可以在任何時間走出辦公室用餐或喝下午茶」。朋友們的晚餐時間多半在九點以後或十點，甚至就寢前。

我若受邀做客，則會事前提醒主人：晚餐不得晚於八點，否則拒絕用餐。睡前用餐對我來說是一項折磨，不但易做惡夢，且會造成腸胃困擾。

這裡的正常上下班時間是九點到四或五點，中午休息一個鐘頭。然而一般的狀況則是十點進辦公室，十二點到二點用午餐，三點或四點就陸續有人開溜了，若有人準時五點下班，很可能會被頒發獎章。這裡的生活方式，實在舒服得讓人忌妒。

當然，在多數人都不認真上班時，就必須有某些異類要擔待多出來的工作量了。尤其是政府機關，幾乎每一個辦公室都會有一個倒楣鬼必須工作超時。漾鐘的姊姊與姐夫就是這種異類，經常工作得廢寢忘食，「當你被貼上工作狂的標籤時，所有的人都會把工作推給你，」漾鐘說。

當所有的姊妹們都在工作時，仍然是家庭主婦的漾鐘說：「到目前為止，我還沒想出自己可以做甚麼，我既不願意替人打工，也不喜歡在自家人的公司工作，在沒有生活壓力的情況下，我想我是被寵壞了。但是，當我還沒想出真正適合自己的工作時，完全懶得開工。反正，在不丹，一切時間都可以被忽視，沒有人要求妳必須在特定的時間裡完成任何事。」在這裡，鐘錶是裝飾品，日曆是用來查閱吉祥日的。

家家戶戶吃飯的時間不一樣並不稀奇，比較讓人驚奇的是在同一屋簷下也可能在不同時間用膳。一個理由是階級因素，長者或地位崇高的人先用餐，其他人再用剩下來的飯菜（與台灣山區原住民的習俗相同），另一個原因則是各自作息時間不同。而漾鐘則是隨時走進廚房用餐，她只在自己肚子餓的時候吃東西，從不問時間。

常出差旅遊世界各地，在農業部工作的奇美說：「一般人家做飯的時候，都會多做一些，好供應忽然到訪的親友，不論是否有訪客，餐餐如此，也因為家裡有許多來自外地的幫手，因此不怕剩菜剩飯。然而，如今首都裡的年輕一代多半自己打理三餐，也就逐漸失去了這項傳統習慣。」

彩羚與漾鐘常在空檔時，帶我到處串門子。隨時走進任何親友家，都有有豐盛的免費茶點，甚至碰上人家正好在用餐，還可以隨意加入，自由得很。彩羚說：「每次在途中想喝茶的時候，就闖進附近任何一個認識的人家裡，馬上可以有好茶招待。在不丹，口渴時不需要進咖啡館，那是外國人去的地方，我們只要敲開一扇門就行了。」我曾經在一個傍晚，被彩羚拎著喝了五戶人家的茶，當場比出誰家的茶比較好喝。然而，漾鐘的家才是我最喜歡闖進的地方，因為她自己就是一個最沒有時間觀念的人。漾鍾說出一項最好的理由：「等我找到了最合適的目標，就會產生自己的次序。」

在不丹的生活一如自然中的季節，有著它自己的次序與節奏。

多語國度——使用四種語言的孩子

漾鐘四歲半的可愛兒子玉拓會說流利的宗喀語、霞秀巴語、英語與尼泊爾語。漾鐘來自東部，親人都說霞秀巴語，漾鐘的先生烏金的家族則使用西部的官方宗喀語，烏金的司機來自尼泊爾，玉拓就讀的幼稚園裡有來自各國（日本、瑞士、法國、荷蘭、丹麥）的小朋友，因此玉拓的腦袋裡裝了四種語言。

但是，這不到五歲的孩子非常固執，由於長期與彩羚的父母相處，因此玉拓認為自己是東部人，最常使用的語言是霞秀巴語，當許多人在場時，他只說霞秀巴語，然後讓不懂的人自己想辦法找人翻譯。玉拓與母親用霞秀巴語，與父親交談用宗喀語，與司機則用尼泊爾語，絕不混雜。他非常堅持每個人必須使用自己的語言，即使自己的父親無法說流利的霞秀巴語，而必須和母親用英語交談時，也會遭到玉拓的喝斥，他會摀著耳朵警告父母：「你

首都聽瀑幼稚園的孩子們幾乎都會說多種語言。

們的英文刺痛我的耳朵！」

剛開始，我以為玉拓不會說英語，老是讓別人翻譯，但有回沒有旁人在場時，他忽然用流利的英語跟我溝通，著實讓人嚇一跳。彩羚說：「玉拓有本事在人多的時候假裝聽不懂任何其他的語言，他很清楚地將每個人分類，無法容忍任何人不使用自己的語言。」

由於不丹的教育從

一開始就使用宗喀與英語雙語制，就連報紙與廣播電視新聞都採用雙語頻道，因此幾乎所有的孩子都會說英文，更因為高等教育多半都送到印度就學或轉往歐美國家，英語變成必需語言。當然，臨界的印度語更是人人朗朗上口。由於各國技術援助人員的長期駐紮，又添加了許多其他的語言如日語、法語、德語等。普遍的藏傳佛教傳統習俗，更是讓許多長者能說流利的藏語。

儘管宗喀文的發音以及文字基礎即來自藏語，長相略比藏族清秀嬌小的不丹人，卻認為自己與西藏人相當不同，後來，有人根據藏文加上字尾的重疊字（好似沒有必要的裝飾尾巴）發明了宗喀官方文字，以示不同。然而，這年歲不長的文字為不丹人帶來許多困擾。在寺廟裡受教育的出家僧，用的都是藏文，根本沒有意願學習宗喀文，因為實在用不上。而在學的孩子們，多半又用英文，因為能夠閱讀的書籍、雜誌及報紙都是英文，宗喀文太年輕，根本尚未累積相當的文字作品提供閱讀。

最後，政府只好強迫公務人員使用宗喀文，但所有的公文仍然採用宗喀文與英文並行，因此，還是有許多人並不擅長使用宗喀文，必須要用的時候，就找人偷渡。

儘管不丹政府每年花費相當龐大的經費推廣宗喀文，成效卻不太大。至少，許多接受高等教育的人就不支持，每個想要進修的人都必須到國外就讀，英文成為唯一最有用的文字。宗喀這十分年輕又缺乏文化歷史背景的文字想要在不丹七十多萬人口裡扎下根基，恐怕將十分困難。

就我所知，在首都聽瀑不到五萬的人口裡（實際註冊居住人口只有兩萬五千人，其他為外地前來工作或就學的流動人口），超過半數以上的家庭書信往返是使用英文。這種西方文化正侵蝕著年輕的一代，玉拓維護自己語言的天性，或許是不丹文化的未來希望。

價格迷思——一麻袋藥材五十塊錢

不丹境內的道路，完全蜿蜒於重山縱谷之間，若非熟悉地形，技術再好都很難行駛。據說有外地來的朋友自認駕駛技術不錯，結果差點兒翻落山谷，當時車子掛在半空中，嚇得他好半天動彈不得，回家後，一整年不敢開車。

峭壁上鑿出的路面大都只能容納一輛半的車身，偶爾轉彎處才有迴轉空間讓來車交會，而且，除了少數地區有高不及膝的水泥圍籬外（以不丹人行車的速度，這聊備一格的圍籬根本擋不住任何飛出線的瘋狂車子），大部分都沒有任何遮蔽，駕駛者只能自求多福。每次在山壁上看到那些飛奔而去的車子，都非常讚歎，不僅僅只是技術高超，簡直膽識過人，這居然還是不丹地區的普遍現象，可見不丹人在溫文儒雅的外表下，其實有著極為強悍的生命力。

我從小就容易暈車，連坐火車、飛機都暈，更別提在山路上彎來彎去了，成年後好些，但若走山路還是只能坐前座或自己駕駛。奇妙的是，到不丹後就從未發生過任何一次暈車現象。多年來，在這崎嶇蜿蜒的顛簸路面上來回多少趟，都沒讓我不舒服過，不知道是因為空氣好，還是因為風景太美，教人忘了難過嘔吐，甚至，還變成了一種享受。山路上有很多可愛的驚奇，不同的季節有不同的意外，每次經過同樣的路段，都不會有重複的感受。

山境裡冬梅茂密

除了四季多變的風景外，沿路會冒出各種野生動物，雪霧茫茫中也可見茂盛的花朵綻放，若行駛在海拔起伏較高的地區，那更是瞬間就能經歷春夏秋冬的四季變化，有趣極了。然而，更有趣的還不僅於此，簡樸風趣的村民更是幽默感十足地隨時自娛娛人，從來不放過任何一點打趣的機會。

有回，正在山路上疾馳，忽見一老漢馱

沿著山壁搭建的屋舍

著沉重的農作物，我老遠地盯著，過了許久還回頭望。老師見我一臉不忍的表情，不等我開口便叫司機把車開回頭，我立時高興得跳下車準備付錢，老師已交代隨從去付了五十塊錢買下那一麻袋的藥材。我手中抓著一百塊錢懊惱著，老師說：「妳知道這麻袋只值五塊錢嗎？他已經發財了！還省了一天的路程。」走一天的山路只換得五塊錢，對我這城市來的鄉巴佬來說，衝擊太大了，一時無法回神，只能傻傻地沉默著……

聽說，有更驢的城市土包子到山上供養閉關房裡的修士時，拿出一疊疊的鈔票，都被終生不出關房的修士用舌頭舔舔貼到牆上補破洞了。長年住在山洞裡的人哪裡知道錢的意義是甚麼，唯一派得上用場的功能就是補牆壁啦！

除了主要的城市外，不丹境內大部分地區仍處於以物易物的狀態，以自己的農作物換取生活必需品，這也是政府必須嚴格管制觀光客入侵的主要原因之一，外來的貨幣文化以及強勢自由經濟體系，將嚴重影響原來寧靜的市場交易。

我在五年前購買的基臘（kira，不丹傳統手織女性服飾），編織繁複的約需兩三百美金，如今都要上千美金才買得到，許多好看的手工織品都被那些西洋旅客高價買走，更別提古老的織品，早就被各大博物館收藏。編織費時的kira已經變得供不應求，連當地人都快要買不起，必須使用進口的機器織品取代；再要了不多久，恐怕沒多少人能穿手工kira，而要改穿廉價仿冒品了。

週末市集——競奇鬥艷的社交式採購

如果要在不丹城裡逛街，最好先弄清楚要去哪條街，雖然這裡的街道並不多，卻是一條一條街地輪休，而不是以行業類別來休市的。

當我要求跟隨主婦去買菜時，我的朋友們不可置信地看著我，因為那是傭人的工作。在不丹，除了家庭主婦外，高貴人士絕不會涉足菜市場，不過，我並不當自己是上層階級，應該說，我根本毫無階級意識，才不管那是甚麼人去的地方，越不讓去就越想去，這是自小就養成的壞習慣。

幸好，彩羚的媽媽向來都訓練自己的女兒和姪女幫忙操持家務，當我要求去菜市場時，相當受歡迎。當然，不能免俗地，還是帶了一批幫忙提重物的隨從，我發現她們有非常好的回收習慣，因為菜籃裡裝著許多一再重複使用的塑膠袋，這裡的菜販是不提供任何包裝或提袋的，要採購就必須自備提籃。甚至，有許多去買肉的男人（由於宗教信仰的影響，不丹女人普遍不喜歡肉食）就直接將毫無包裝的肉塊拎在手上。

不丹全國只有一個菜市場，而且只在星期六、日才開市，因此，農人必須在每星期五前將農作物運送到首都聽瀑的官方市場裡。氣候乾燥的不丹，很少人家裡有冰箱，因為食物不容易壞，尤其是肉製品（生肉放乾了就是肉乾），真要長了霉，他們還像撿到寶似的，當作上好起司食用。家家戶戶都是每星期採購一次。

位於聽瀑市中心的菜市場，內容繁多，幾乎與各國的傳統市場一樣，除了當季新鮮蔬果外，也供應各種肉類，當然更少不了販賣日常生活用品與家常服飾的攤販。這裡的魚多半是當地的河魚，從印度進口的冷凍魚較少，也因為冷凍設備不佳而無法適當保鮮，因此魚貨不多。當地的肉品除了犛牛、山羊和雞外，與西藏人不吃豬肉的習慣大不相同，不丹男人非常喜歡吃豬肉，幾乎餐餐必備，而且一定連皮帶肥地煮食，比中國人更熱衷享受豬肉的滋味兒。

當然，你會發現市場中有人帶著自家的絕活兒與獨門菜餚販賣熟食或乾糧，而我最喜歡的是家常自製辣椒粉，有各種口味的拌料，這是他們旅

辣椒是市集中最常見的商品。

行必備的乾糧（長途朝聖之旅是普遍活動）。長途旅行無法準備熱食，不丹人就帶著自製辣椒與炒米（不丹式的爆米花）或玉米乾，每餐都拿出自製辣椒醬就著米飯一起食用，也可以打發好幾餐。幾乎所有的不丹人，包括孩子，都可以餐餐吃辣椒與米飯過日子。手藝好的，做出來的辣椒粉會讓你忍不住拿來當零食吃，一邊抱著冰水一邊吃辣椒，當然，也會因此多吃了好幾碗飯。

不丹市場的最大特色，就是乾淨整齊，這是我第一次到市場時最大的驚訝。就連沒有固定攤位的路旁攤販都擺放得整整齊齊，好像經過嚴格管理似地，我卻從不曾發現有任何警察在旁走動（不丹的警察好像只是用來在少數路口指揮交通用的），這種自動自發的秩序性，真該表揚一下。

市場裡，最讓人注目的是各種顏色與形狀不同的米（有白、黃、紅、黑、紫和綠色，據說共有兩百多種），以及大小顏色各異的辣椒和不丹式的檳榔（外殼毛茸茸地像南海椰子，必須撥開外殼食用，它的食用方式與口味皆與台灣檳榔雷同）。不丹人熱衷吃檳榔的習性不亞於台灣南部居民，不論階層或性別，甚至不分僧俗，幾乎人人吃檳榔。第一次看到女性官員也口嚼檳榔時，著實不太適應。

由白米一斤約二十四元盧布（一美元約等於四十五元盧布），而乾辣椒一斤要兩百元盧布的價位，可看出辣椒在這裡的重要性。

當我看到盛裝打扮的人前來買菜，簡直要噴飯。光是想像妳要擠在人潮裡挑三撿四，就無法讓人穿上不便又拘謹的基臘（kira），更何況還穿戴得如此艷麗，幾乎所有的家當都掛上脖子了。同時，有些菜販也當仁不讓地精心裝扮與其爭艷呢！和我一樣穿著邋遢的彩羚說：「每星期只有一次的機會，所有的人都會在這裡出現，不在這時候獻寶，還能等到何時？」

市集中，找機會騙取婦女同胞零用錢的sadhu（流浪的算命仙）當然也三三兩兩地陸續出現了。我就是那個忙著掏腰包的觀光婦女，一個接一個地算命，忙得不亦樂乎，把充當翻譯的彩羚鬧得好不厭煩，最後，連我自己都厭了，才罷休。因為他們總是一開始就說我是個幸運的人（先拍馬屁），然後再說我到處旅遊（我需要翻譯就已經說明了我是旅行中的外國人），接著說我有一連串的厄運即將來臨（好騙我買他們的幸運寶石），一人二十塊錢盧布雖說不多，像我這樣見一個算一個，也花了不少錢。

後來，發現滿街都是sadhu，這幾乎變成我被取笑的機會，每看到一個就被嘲笑一次：「Here comes your friend!」（又遇上老朋友了！）

有回，是漾鐘在半路幫我攔下了一個sadhu，他前頭說我的個性時，還有模有樣的，但當他說我在三十五歲「將」遇上一次嚴重的交通意外時，漾鐘簡直笑得直不起腰來，因為我已經超齡十歲！後來，我們再遇上的sadhu都變得十分聰明，一開始就問我幾歲，這些人已經開始互相警告了，因此，我也開始編撰不實年齡，反正他們都是一翻開手中的破書就說個不停，從來不問生日，因為他們總說：「都寫在妳的額頭上了……」當然，也有人是照生日仔細論斷的，這就只能憑經驗拿捏是否能信任了。

假日市場成為市民的主要社交活動之一。

市集中的老婦

E UP

算命乞丐——印度吉普賽SADHU

在不丹的市集或村鎮人口密集處，常常會看到披掛五顏六色的印度人手拿小包包晃來晃去地兜售乞討，通常五到二十塊錢盧布就可以算命（有時索價甚高，但絕對接受殺價）。甚至，你也可以請他喝杯茶或吃頓飯，如果不嫌髒臭的話，這樣也許可以問得更詳細些，站在路邊總是很難詳盡討教的嘛！願不願意犧牲一下，就看你多麼想要知道自己的一生了。

不過，通常這些印度吉普賽（sadhu的梵文意思是流浪者）都有讀心術，很容易貼近你的心意，總是讓你舒舒服服地覺得對極了。然後，很顯然地，他的目標不是那一、二十塊錢，他會婉轉有技巧地讓你產生強烈的轉運需要，於是，就攤開他的百寶箱讓你選擇，舉凡改運石、許願石、幸運石或護身符等等應有盡有，價格不一。當然，不會是根據石頭的品質定價，而是根據功能等級索價，至於，這價錢如何產生的？看那印度阿三鼓溜溜轉的黑濃大眼睛，就知道不妙了，你到底信還是不信？不信，觸楣頭，信了，又覺不甘願，害怕吃虧上當。其實，這些遊街乞丐胃口不大，大不了三、五百塊錢就很多了。也許，你若願意相信他的善意，這些撈什子幸運石保不定真發揮了作用，也很難說。

據當地人的經驗，這裡面不乏有識之士，常出人意表，否則也不會讓這些印度吉普賽每年都在氣候最好的秋季乘坐昂貴的飛機來不丹算命了。（每人二十塊錢盧布，要算多少人才能買一張機票？）

看這些赤腳大仙，穿得破破爛爛，索價十塊錢，簡直跟乞討沒有兩樣，有時甚至站在飯館外乞討残羹剩飯。問他們打哪兒來的，幾乎沒一個說得清楚，胡攪蠻纏地告訴你上星期在哪兒，下星期可能去哪兒，始終文不對題，問得急了，乾脆對你咧嘴一笑了之。也有些非常嚴肅，讓你不敢造次，彷彿一直都在冥思狀態，但也同樣是對算命之外的議題顧左右而言他，絕不答覆私人行止。

運氣好的話，互相有緣，看對了眼，語言相通（不是文字語言，而是思想語言），也許就對上了線，能夠細細數從頭，進而衍生到未來的無窮遠，

四處遊蕩的印度算命仙

或者還牽拖一點過去生。反正也沒甚麼好損失的，平時在家裡，隨便也會掉出幾個十塊錢的銅板，有機會試試也挺有趣的。

最好的辦法，就是不嫌煩，也不要小氣那幾十塊錢，每遇上一個就試一次，試多了，就試出竅門來，真的會有意想不到的收穫。有時，你會懷疑這些人是不是事先套了招，怎麼說辭都大同小異，卻又無法得知他們如何套招。唯一的解釋，就是這些遊牧乞丐都是修行人，個個都有那麼點兒他心通，不然，怎都那麼精準說中你的心事，偶爾精確得叫人發毛。

再要更好運一點，遇上個有學問的乞丐，那就有意思多了。隨便掉出幾句人生哲理，夠你想好幾天呢！等到恍然大悟，待要回頭去找他，卻又上哪兒去找這些神秘兮兮的流浪漢呢？尤其每個都長得還真像，根本很難分出哪個是哪個，個個細細長長、乾乾瘦瘦，一樣的行頭，同樣的披掛方式，標準的「眾裡尋他無覓處」，只有乾瞪眼的份。這讓人學了一門課：見任何人都禮敬三分，誰知道哪個會是大師呢！錯認總比錯過要好多了。

然而閱人無數的sadhu其實都有做功課的習慣，通常他們會不厭其煩地到處打探消息，並且非常合作地彼此互通訊息。人口不多的聽瀑，早就被sadhu

們摸得熟透透，幾乎任何人的家世背景都一清二楚，隨便撞上哪一個都有連帶親戚關係的不丹人，很難不被勤勞的sadhu說中幾件事。甚至，他們還刻意取得高官貴裔的相片與推薦函來招攬顧客，於是，索價不高的潤金就很容易累積了。

走累了就隨處坐下，就地開張營業的sadhu。

首都聽瀑(Thimphu)入口的法輪

階級意識──行善積德以求來生福報

在不丹問候陌生人的方式是：「你父親是誰？」這有幾個目的，因為人口不多，幾乎每一個家族都彼此認識，只有後生小輩才鮮為人知，只要問出家長是誰，多半就知道全部背景了，甚至問出父親也就順便找出親戚關係了。不丹人彼此之間若不是血親，也一定能攀親帶故，至多也只有遠近親疏之別，無論如何只要一直追問下去，就能找到一線關係。要是遇上同名同姓，再問母親的名字就行了。

不丹人和藏族一樣，只有兩個名字，而沒有家族姓氏，因此從名字無法分辨來自哪一個家族，只好問父母是誰了。近來因為不丹貴族都到歐美等西方國家受教育，逐漸感受到姓氏的重要性，尤其是經常旅遊世界各地的人，在辦理護照時，要證明彼此是一家人，還真得要費一翻唇舌，索性就將下一代的名字掛上自己第二個名字當作姓氏，以免麻煩。

這種兩個字的取名方式，很容易遇上雷同，有時甚至男女莫辨，因為大部分的字都通用，不分男女，而且幾乎都是由家中最親近的喇嘛老師取名，重複性太高了。我就曾經聽過一個小男孩敘述他與「偈摩」特別有緣（偈摩，karma，梵文的意思為業，也就是過去生所累積的事業活動軌跡或緣分），每次看到有感覺的女孩，跑去搭訕，一問之下定是名叫偈摩，屢試不爽。他已經連續交了三、四個叫偈摩的女朋友，而且每一個都讓他好傷心，害得他看到心動的女孩都不敢去問人家叫甚麼名字，只要一聽到叫偈摩就立刻走人，絕不多停留片刻，以免心碎。

不知是否受到宗教環境影響，人與人之間有界線非常嚴明的身份等級，雖然不致於像印度婆羅門那樣標示出可怕的分際，然而從他們的社交禮儀就可以立即分辨高低，更別提政府機關裡那等級分明、不同顏色代表不同階級的肩帶披掛了。

在西藏，宗教領袖有非常崇高的地位，甚至超越政治領袖，因為政治領導人可以替換，而宗教地位則穩固如山，甚至綿延好幾世紀，這多半來自於輪迴轉世的根深柢固思想。西藏人相信修行高深的喇嘛可以一再轉世，延續自己的修行與傳法事業，只有普通老百姓才找不到自己的轉世，因此，對轉世修行者的崇敬簡直比五體投地還嚴重，可說是予取予求，絕不誇張。我的好友畢業於著名的佛學院，有碩士學位，他說：「如果我的老師說太陽是從西邊出來的，我絕不會堅持太陽是從東邊出來。」在這個佛法至上的地區，自己的佛學老師最大，接著才是其他老師，而這些老師們又分出好多等級，清清楚楚，不容逾越。看他們在舉行法會的廟堂上如何安排座椅，就非常明白了，座位的高低與傾斜度或坐墊的厚薄與質地，在在顯示著明確的身份地位，這裡面學問大得很呢！

不丹在旺秋王朝建立以前，一直是由西藏來的霞鐘仁波切統治，因此宗教階級意識深植民間，遇紅袍就頂禮準沒錯，聽到大喇嘛出門弘法，徒步幾個月也要去參加，就算沒被摸一下頭，遠遠看一眼都像是被充了電一樣地滿足。若能在大喇嘛休憩的帳棚外等到他丟棄的屎尿，都會像撿到黃金似地仔細珍藏，甚至還有人因搶奪上師糞便而大打出手。這種信仰，如何能被政治力量取代？

人們也普遍地相信，前輩子種了善業，今生才能投胎至富貴人家，於是，也就對身份地位崇高的人特別尊敬。

在不丹，你的言行會影響人際關係，然而，你的地位卻是生下來就被標示清楚了，沒有人願意改變這樣的想法，唯一改善之道，就是多積功德多念經修行，以求來世的福報。

廟會祈福——貼近生活的民間信仰

不丹廟會是各地節慶不可少的民俗活動。

每年的秋冬季，是不丹的節慶旺季，從十月一直到十二月底為期三個月的廟會，在各地的寺廟（dzong，宗）盛大舉行。廟會一路從西邊的巴洛小鎮到中北部然後擴展到東部各地，因此若錯過其中幾個，大可參加別的廟會，不丹皇家公司提供免費的月曆查詢日期，也有國家網站可搜尋需要的旅遊資訊。

春季在巴洛小鎮舉行為期十天的猜秋，是不丹境內最盛大的節慶，先由寺院內的出家僧眾舉行大約五天的儀軌，再移到寺院廣場上進行各種對外開放的儀式，包括各種象徵的面具舞蹈以及歷史演義戲劇等等。不丹各地有自己的猜秋，日期與期間長短皆不同，內容亦相異，從最短的三天到月餘，從西部始，延至中北部，最後到東部，很少撞期，因此，有興致的人就可從頭參加到尾，見識各地的信仰與歷史故事。聽瀑的猜秋多半為期三天，從第一天的死亡之舞，到第二天的蓮師與各護法神祇的戲劇舞蹈，然後就是最後一天的慶豐收祈福重生之舞，所有參加的民眾都可以下場一起慶祝。

沿襲藏傳佛教的習俗，不丹也有許多地方神祇的信仰崇拜，魚目混珠地與大乘佛教的教義混雜在一起，有時不明究理，很容易混淆。這是由於在喜瑪拉雅山區傳揚佛法的喇嘛必須懂得修法，以幫助小老百姓解決疑難雜症，否則很難進入民間散佈佛法，再加上佛法傳入不丹前，民間就已經有濃厚的地方信仰融入生活中，從來就無法根除。或者說，信仰本身也是很實際的，誰最貼近生活所需，誰就最能獲得崇拜，至於宗教哲學等議題，就留給喜歡研究的少數高級知識分子吧！這對同樣信仰複雜的中國人說來，或許容易理解，因為很少人會在廟裡解構佛龕裡的神祇究竟是屬於道教還是佛教，一律

全國廟會的節目因地區信仰的差異而有所不同。

照拜就是了。

當我與奇美旺帝到不拿卡的母子河交會處，途經一山壁上的廟宇，她遙指遠處的飄揚經幡說：「妳去過那兒嗎？許多人到那裡祈禱許願，即使多年不育的人，都能夠滿願，妳應該去試試！」與先生一起在美國取得碩士學位的奇美認為我是信仰虔誠的佛教徒，因此建議我去不丹最有名的廟宇祈願，殊不知剛巧我認識的佛學老師多半是教書先生，雖不排斥修法，卻緊咬著大乘基本教義不放（皈依佛法僧三寶以求解脫並誓願成佛以救度眾生），絕不會認同佛法以外的信仰，更不容許不清楚的膜拜。一時不知該如何解釋，只能沉默略過。佛法與地方信仰在此地的交纏，就像是墨汁滴入清水般地難解難分，如同台灣與中國南方許多地方廟宇內放置著佛道不分的塑像，舉凡進入廟宇朝拜者皆自稱為佛教徒，至於皈依三寶的基本佛教徒條件，鮮少有人清楚。

傳說在不丹，許多人都有自己家族式的崇拜廟宇，必須每年定期報到，無論身在何處，都務必趕回來供養，否則諸事不順，遇上厲害的神明（越靈驗的越凶悍），甚且還會遭逢不測。彩羚就非常慎重地說：「我每次去印度上學或出遠門，都一定要去我們祖先固定崇拜的廟宇祭拜，否則就會心神不寧。有回，我忘記定期祭祀就跑到印度，結果連續大病好幾天，託父母代為祭拜供養後，方才病癒。從此以後，再也不敢忘記定期祭祀了。」她深信不疑的態度，讓我看到了一個陌生的彩羚，實在與她現代感十足的頑皮格格不入。

這趟旅途，正好遇上彩羚家中的固定年度修法，陪著一起到市場大肆採購，除了薈供用品外，必須準備供養僧侶的飲食以及法會當天賓客的饗宴，簡直比過年還熱鬧。在法會舉行當天，不論是主人或客人，每個人都盛裝出現，就連廚房中幫傭的孩子們都穿上了較正式的傳統服飾。

只要是像樣的人家，每家都有自己的佛堂提供自家長輩以及邀請來的喇嘛修法。法會前一天，做法事的隨從們必須先到主人家做多瑪（法事必備的食品）並打理佛龕需要的各項物品。法會當天一早，主人家的廚房就忙著準備傳統鹹粥以及兩小時後的正式早點，接著就是招待親友的豐盛中餐以及稍後的下午茶與晚餐。當然，全天候茶食供應，幾與過年無異，因此，住得較近的晚輩都必須來幫忙打雜並招呼進進出出的客人。

至於每年一度的家庭法會究竟意義何在？相信很多人都心知肚明，不外乎是除障求財求壽，只是相較於中國的民間信仰，不丹民間的傳統儀式就清楚明確又複雜多了。每一項細節都有專人打理，甚至每個家族都有自己固定邀請的法事負責人，幾乎變成家族的保護神。

我實在看不出，這與中國民間的廟會功能有何不同，只是廟堂上供養的神祇名號各異罷了，當然也就衍生出許多不同的宗教信仰與歷史故事，提供各地作為廟會活動的材料，不失為另類的戲劇舞台，也是人生不同風貌的解讀。

山路上終年不化的雪山，祈禱經幡遍地飄揚，訴說著無數不丹人民的願望。

婚姻觀念——「婚姻」就是一個最大的笑話

凱桑公主唯一的一趟台灣之旅，是老師臨時安排的，在大家都沒有心理準備的情形之下，忽然出現在台北。我曾經邀請她到家中小住，她只來吃了頓便飯，同時讓我幫她看命盤，從頭到尾只關心她的第二度婚姻，未料果如命運所示，隔年她就再婚，並且又生了第三個孩子（以為癡情若此，不可能再嫁，顯然我們對婚姻的了解太片面，不若不丹人直接自在）。

由於首次在家中接待貴賓，一時不知做甚麼好，便拿出結婚照片給凱桑公主看，她好驚訝，從來沒看過沙龍照，不停地詢問：「為什麼結婚要到照相館去拍照？」我竟也答不上來。曾幾何時，這已經成為在台灣結婚的必備形式，彷彿沒到相館拍婚紗照，就不算是結了婚似的，更有偷偷摸摸草率完婚的嫌疑。小時候就問過媽媽為甚麼沒有婚紗照，而只有爸爸媽媽的合照，沒看到婚紗就好像是私奔的，不怎麼認真正經。當我如此解釋時，凱桑公主不可置信地哈哈大笑：「結婚需要留證據嗎？住在一起不就是最好的證明？我從未見人在家裡掛結婚照！」

凱桑公主告訴我：「不丹一直沒有婚姻方面的法律制度，最近這幾年才開始學習西方社會制定一夫一妻的婚姻法律。然而仍不像西方婚姻制度那麼嚴厲，只要雙方同意，仍然可以容許一夫多妻，甚至一妻多夫，當然後者情形比較罕見，在西藏人的社群裡比較常見。即便如此，大部分的老百姓還是不了解甚麼叫做結婚，除非是接受過西方教育的知識分子。」

在不丹，與西藏有相同的社群習慣，只要男女住在一起，就算是結婚了，完全不需要儀式。其中一方離家出走，很顯然地就造成了離婚的事實，根本不需要辦理任何手續。只有貴族才會有宗教味濃厚的慶祝儀式，或是家族龐大、資產豐厚的重要人物結婚，才有可能大宴賓客，否則一般百姓也消費不起一場所費不貲的婚禮。反倒是葬禮來得隆重多了，在這充滿佛教氣氛的國家，如果讓百姓選擇消費效益，幾乎百分之百的人會選擇邀請各個德高望重的出家僧眾來為亡者誦經迴向。以基本佛學生活思想來看，為來生祈福比慶祝結婚要實惠多了。

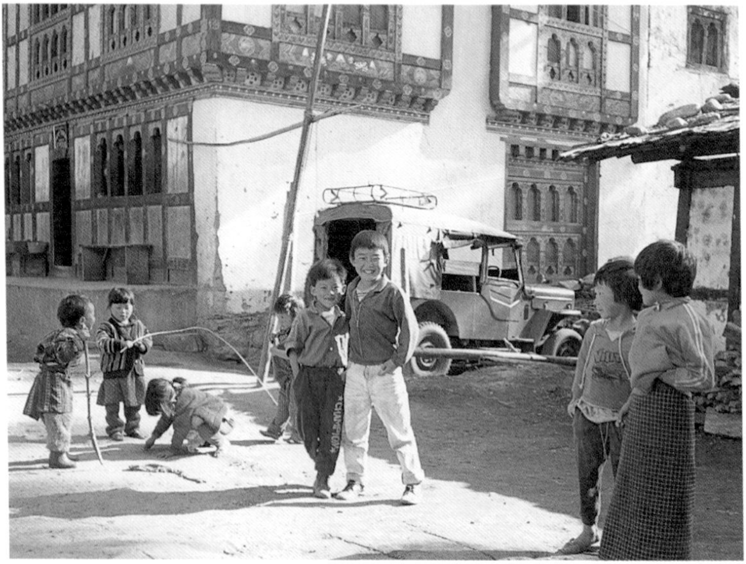
對不丹人來說，培育孩子不僅是整個家族的責任也是重要的社會責任。

不丹的宗族社會裡，遺產傳女不傳子，因為最實際的考量是——男人有可能到處播種，而只有女人一定會留下來養孩子。對人口不多的不丹來說，養育下一代便成為非常重要的社會責任，這也是不丹人普遍會照顧親戚子女的重要因素。培育孩子是整個家族的責任，不僅僅只是父母的義務，只要任何一個孩子需要進一步的栽培，整個家族都會幫忙支援，更別提送孩子到城裡就學時的長期寄養，絕對不會有任何親戚拒他人於門外，甚至一定當成自己孩子般地照顧。

在這個婚姻制度渾沌模糊的國家，家庭觀念卻非常嚴謹緊密，一旦決定住在一起，其實很少有人離異。有一句笑話：「只有貴族才有閒情逸致經常換伴侶！」老一輩的人常取笑這些接受西方文明的人，「讀了那麼多書，制定那麼多規矩，結果還要費更多的力氣去破壞自己定的規矩，『婚姻』就是一個最大的笑話，有婚姻制度的地方，離婚的頻率最高。」在不丹，一輩子看不到幾場婚禮，卻也很少看到人離異，既然住在一塊兒，就有責任互相照顧一輩子，真正「走婚」的人並不多見。

球賽禁令——以法事較勁的運動競賽

受到西方文化影響，各種時髦的運動也在不丹活絡起來，甚至還有健身中心、網球場和代表身份地位的高爾夫球場，然而，最受歡迎的，還是傳統的射擊以及現任國王最熱愛的足球。

不過，在首都聽瀑的射擊也已受西方影響，而採用現代化的西式射擊用具，弓與箭多半都是美國進口、可調式的工廠生產品，使用便利又容易上手，在生活優渥的首都已找不到使用自製弓箭的射擊愛好者。幸好，射擊比賽方式仍沿用傳統模式，一般制定大約相距一百四十七米長的雙向靶場，雖各地習慣略異，但也相距不遠。平時練習，大都互相邀約好友分成兩隊比賽，鮮少有單人賽。國民所得落差甚大的不丹，不可能人人都用得起外國貨，因此首都以外地區的射擊手仍使用傳統自製弓箭。

在巴洛的歷史博物館裡就記載著——不丹人依賴傳統弓箭擊敗了英國的

槍砲入侵。這一直是不丹人的驕傲，因為地形險峻以及民風剽悍，不丹始終沒有跟著印度變成英國的殖民地。

每年，來自各地的好手都會成群結隊地到不丹與印度邊境的噴錯林舉行全國射擊大賽，然而，年年參加亞洲盃得獎的射擊手卻都是女性。據說，不丹皇后私底下也非常熱衷射擊，但從未在公共場所練習，只在私人靶場活動。

由於皇室成員都在英國受教育，因此養成了不丹熱愛足球的風潮，現任國王就是個標準球迷，有時還忍不住親自下場踢幾球。

除了各校大賽外，不丹也有國家代表隊，當然是由每年球賽中選出佼佼者派到國外參賽，雖然因為人口不多而一直未能在國際球賽中取得漂亮成績，每年國內舉辦的比賽卻仍受到相當的重視。據說，這兒也不能避免地有黑市賭局，一如其他國家的球賽，這就更可以理解人們對球賽的瘋狂程度了，表面上，是因為國王的嗜好，骨子裡，卻成了全民運動。

在這宗教與生活難分難解的國度裡，任何重要大事，都很難擺脫法事介入。由於足球賽演變成地下競賽，因此，各種奇奇怪怪的花招都相繼出籠，除了球員們各自披掛親友贈與的護身符外，也有人相繼求教精於法術的修行者（有出家僧或瑜珈士），更有人乾脆敦請專擅修法的苯教（藏族盛行的原始地方宗教）道士在球賽期間大做法事。於是，幾乎九成九的人都相信這是場法術高明與否的競賽，反而忽略了球賽本身的運動精神與必備的訓練技巧。

因此為求公正起見，國家乾脆立法規定——球賽期間不得修法介入，與賽者若被發現私下做法事，不但取消參賽資格，且刪除一切獲獎紀錄。甚至到後來，連披掛護身符都不被允許。

這該算是一件世界奇聞，倘若以現代知識思考，簡直無法想像「國家」可以制定這種法律，可愛極了，充分顯示出不丹人的直接坦率。

射擊是不丹男人的主要社交活動，年度射擊大賽是每日清晨練習的目標。

傳統服飾──收藏家競購的KIRA & GHO

不丹服飾與西藏傳統服裝有雷同亦有差異，皇太后阿熙凱桑來自於藏族立國的錫金皇室，因此雖嫁入不丹皇室，卻始終著藏族服飾，算是不丹國唯一公然著西藏服飾的不丹人。

款式不變，只靠顏色、布料材質與織紋變化而分出用途與場合慎重與否，是西藏服飾（chupa）與不丹服飾（kira & gho）的共通點。其最大的不同在女性服飾，藏式女裝是經過簡單剪裁的款式，布料多為素色，而不丹的基臘（kira）則是將整塊約五尺寬幅的編織布料包裹在身上後，用銀製鉤針與腰帶圍綁起來。

在不丹，男人著「鉤」(gho)，女人穿「基臘」（kira），它們多半為手工製的棉、毛或絲織品，染料取自於天然植物，因此很容易脫色。近年來，由於西方工業紡織的影響，即使尚維持著傳統手工紡織的不丹也已開始使用化學染料，替代取得不易的天然染料，甚至連簡單的傳統織紋亦逐漸演變成花樣繁複的各種豐富款式，迥異於苗族那傳遞宗族歷史的圖騰編織。

不丹百姓十分崇尚流行，每一時期，總有特定的流行織紋，一旦傳布開

生產手工編織布的小工坊。

不丹的手工織布已成世界手工藝品中的搶手貨。

來，人人仿效，造成時尚。於是，首都逐漸流行西方簡易服飾，是相當能夠理解的。崇尚自在隨性的不丹人，如何能夠放過日漸滲透的流行趨勢？因此，既為了維護傳統文化，也希望保持觀光價值，政府必然地會頒令，嚴格要求民眾不得在公共場所穿著異國服飾，尤其是進出工作地點，甚或到市集或商場採購，一旦被四處巡視的督察逮著，可是要被處罰的。

即便是出國旅遊的人，一旦進入國境，立刻得穿著傳統服飾，因此常有人把kira帶到機場的洗手間更換，簡直是堅持到最後一秒，就如被管束的中學生，總是喜歡偷穿便服。

不丹傳統服飾kira

有回，在一個家庭宴會的場所裡，我按照不丹習俗，穿著較正式（編織豪華鮮豔）的kira，甚至披上色彩相當的肩帶，以示尊重。未料，一位誤把我當作不丹人的老婦笑稱：「妳比不丹女孩穿得像樣多了！」也如我這次一如往常般正正式式地到凱桑公主家作客，卻發現她穿著半身kira，上衣套著寬鬆的T恤，略帶歉意地說：「啊！真抱歉！沒想到妳穿得這麼正式！」害得我好不尷尬。

聽瀑的改變速度快得驚人，若不是政府嚴格執行政策，相信傳統服飾早就不見了。

如今，家家戶戶珍藏的kira，幾乎快被高價收購的西方旅客搜括殆盡，已經看不到老式編織品，就連新款編織的服飾，都跟不上購買的速度而飆漲起來（一件簡單的kira約需兩個月才能完工，而圖案複雜的編織，則至少需六個月甚至一年才得完成）。世界各地手工藝技術逐漸流失的趨勢，更造成了收藏家的搶購，以往百元美金以下的作品，在短短幾年間漲到幾近十倍的價錢。

逛了一圈織品市場，真懊悔前陣子將家中收藏頗豐的kira隨手送出了一半以上，漾鐘著實把我給罵了一頓。

首都就學的孩子們穿上各國傳統
服飾等待上台表演。

不丹容顏——她好漂亮，就像不丹人

每次穿上不丹傳統服飾走進不熟悉的人家，都一定會被誤認為當地人，我毫不意外，自始就私下認定以「龍」為國名的不丹人恐怕是來自古代中原的移民。中國歷史上幾番朝代更迭，不知道有多少被流放的皇親貴裔逃到「桃花源」，更何況普遍長相溫文儒雅的不丹百姓，雖使用藏族的文字語言與風俗習慣，卻在外貌上較接近漢人的秀氣五官。

連漾鐘都半開玩笑地懷疑我是被外國人領養的不丹孩子，每回隨口胡謅，旁人都當真。

有天，彩羚提早下班，把我拎到住在山腰上的小姨媽家喝下午茶，進門遇上姨丈的母親，以為我是外鄉來的不丹女孩，直問我是打哪兒冒出來的，父母是誰？這是很普遍的問候方式，遇上弄不清楚的陌生人，一定要問出祖宗八代才行，通常，一連串地詢問之下，必定能找出裙帶關係。當老奶奶知道我是外國人後，驚呼：「哎呀！她好漂亮，就跟不丹人一樣！」眾人聞言，哄堂大笑！

頗不以為然的彩羚搖著頭說：「奶奶認為妳漂亮，因為妳像不丹人，才欣賞得要命，如果是西方女孩，再漂亮也無法讓奶奶認同，總認為紅頭髮藍眼珠怪怪的，怎麼都不能讓她老人家覺得好看，永遠堅持不丹人好看多了！」

甚至有老人家勸我留在不丹不要回家，因為「妳長得如此好看地像不丹人，就應該留下來嫁給不丹人，住在這裡，沒有人會把妳當外人……」幾次在印度邊境遊走，也被印度人當作是不丹人，從來不需要拿出護照檢證。

不過，不丹人的確普遍地漂亮，首度讓我見識到不丹人貌美的，並非首都裡個個時髦的俊男美女，而是在東部札西剛的村落裡。

一回，進入村鎮某戶人家作客，主人的兒女們進進出出地忙著招呼，我的眼珠子差點兒沒掉出來，個個漂亮得像電影明星，長女膚白貌美不在話下，就連她赤腳蓮步上下木梯，都讓人覺得性感極了，一點兒也不像是鄉下的女孩兒。

在不丹，越往東走，就發現更多漂亮的男孩、女孩，簡直讓人目不暇給，山裡面的遊牧民族亦眉清目秀。曾經有位不丹老師就開過這樣的玩笑：「我若要娶老婆，只要到山裡面找就行了，閉著眼睛隨便抓一個都很漂亮，但是要狠狠地洗上兩個月才行，因為她們終年不洗澡，平時根本看不出長得如何，徹底洗乾淨以後，就美若天仙了。這些遊牧民族，簡直是天上神仙的子民，漂亮得不可思議，身材窈窕就不用說了，尤其是眼神，清澈得像鏡子……」

幾次進出不丹，我已經不再懷疑自己是不丹人，反而開始思索：不丹人會是上古中原的移民嗎？也就是說，我推想不丹的百姓或許是來自中國的古代人。尤其不丹人根深柢固的階級意識，那種不容踰越的傲慢，像極了士大夫貴裔的驕慢。

如今，要說服我不丹人與中國人素無淵源，可能是困難的了。

尤其是眼神，清澈得像鏡子……

尾聲

曾任終身國大代表的公公在九十三歲高齡過世前留下遺囑，不得發放白帖，不許直系親屬以外的人參加葬禮，婆婆也要求比照辦理，她說：「一輩子不知道接過多少紅白帖子，深知無故被打擾的痛苦，絕對不要麻煩別人。」自認問心無愧亦不願虧欠任何人的婆婆育有四子三女，卻從未用過兒女一毛錢，自己打理三餐直到八十多歲手腳不聽使喚為止，二〇〇一年十月十八日過世時，享齡八十八歲。多年來，她唯一的抱怨是：「既不能自己動手做事，不如早一點死，以免麻煩別人。」因此，她老人家過世時，我反而替她鬆口氣，相信以她的為人，必定能夠投胎到不錯的地方去。

未料，婆婆剛過世兩天，我那向來精力充沛的母親竟然進了醫院，等我慌慌張張地趕到，她已嚴重得要靠維生系統呼吸。數小時後，弟弟與弟媳走進加護病房，母親連維生系統也不需要了，一如她時常掛在嘴邊的期望：寧可一死也絕不容忍自己在醫院裡受罪。

由於沒有防備，再加上疏於照顧母親的愧疚，我睡不著覺也吃不下飯，頭疼得要炸開來，全身幾乎四分五裂。若非朋友適時地介紹一位非常有用的醫師，我恐怕也不行了。

母親彌留的幾個小時裡，我打電話通知剛好在台北弘法的老堪布，請他老人家幫忙祈禱，那時，母親的主治醫師已經非常明白地表示：就算是最強的藥劑也無法挽回母親的呼吸了！我費力地壓抑著哽咽告訴老堪布：「不需要挽救母親，請幫助她安詳地往生。」我則向母親承諾了朝聖之旅……

掙扎在重重的罪惡感裡，我仍替弟弟做出了狠命的決定，放棄繼續注射強心劑！

明知道那顯而易見的空無軀殼已不是母親留駐的所在，卻依然被抹不去的罪惡感綑綁，說出「讓她走」的剎那，彷彿也將自己判了死刑般錐心。

充滿腐臭的醫院停屍間，讓我當下決定將母親移往台北殯儀館，一刻也無法停留。弟弟和弟媳開著自己的車跟在靈車後面，我則陪同母親的遺體在深夜裡疾馳高速公路上，每一個小小的顛簸都敲打在我身上，擔心正在脫離軀殼的母親魂魄疼痛難堪，不斷地在心裡向母親道歉。好不容易安頓好母親的遺體，我卻是無論如何也不能夠休息，整夜躺在床上像被電擊般顫抖，輾轉反側捱到天亮，立即趕往殯儀館，會同擅長「遷識法」的堪千仁波切一起幫母親與婆婆誦經。

幫母親誦經的過程裡，見遺體的頭頂一點一點地鼓起，頂心毛髮一一豎直，明白老堪布的「破瓦法」祈禱奏效，母親該是收到了所有幫忙誦經的老師與朋友們的祈禱，我心頭的罪惡感也稍稍鬆懈。

五天後將母親火化，弟弟的七歲與五歲兒子欣見母親美麗的彩色遺骨，爭相撿拾，無視於一旁各種宗教儀式的進行（焚化爐外，適巧有邊疆民族舞蹈與基督教牧師唱誦的麥克風競爭），一家人彷彿郊遊般輕鬆。我告訴弟媳：「我死後，立即火化丟入大海或任何方便的地方，不需要祭祀，更不可有任何牌位。」我沒有自己的孩子，這將會是兩位姪子的工作，能越簡化越好。心裡有師承的感覺真不錯，無懼於天地間的自然生死，的確是門大功課。

我將小塊的遺骨放進藍色的小磁罐裡，其餘裝入白玉鐔裡讓弟弟帶回南投供奉。

從焚化爐裡出來，順便將母親三十多年前放在後山的父親遺骨遷出，弟弟開著車，我與弟媳以及兩個活潑的姪子手捧父母親的遺骨與遺照，心裡忽然充滿了幸福感。多年來，一家人終於相聚，即使只是一段短短的車程。

朋友們相繼問起母親的葬禮，我才忽然發現似乎少做了甚麼。然而，我與弟弟就這麼自自然然地處理完母親的後事，我心裡只記掛著要帶母親去哪裡，一點兒也不覺得需要任何公開的儀式或交代，這是我與母親之間的私事，只要弟弟認同就行。

母親沒有葬禮，但是，在恆河灑下母親遺骨的瞬間，我與她一起享受了一個浪漫的夜晚。岸上，印度教的年輕僧侶正以曼妙的舞姿進行終年不斷的恆河祭祀，我在渡船上默禱，感嘆恆河的浩瀚慈悲。清晨，溫柔的日出撫慰我終於卸下的悲淒，那時，我的左側是紅潤的太陽，右邊則高掛著皎潔的月亮，心裡充滿了感謝……

這趟沒有日期的旅程，從泰國進入印度、尼泊爾、不丹到印度經香港回台北，沿途必須轉換許多不同的交通工具，甚至在瓦拉納西與菩提迦耶之間的四小時裡，與七個印度男人擠在兩張火車板凳上（火車票超賣在印度是常態）。陪伴我旅行的彩羚獨自爬上臥舖假寐，任由我一個人經歷這別開生面的一刻，各種小吃販賣幾乎在每一分鐘裡進行著，好似演奏飲食交響曲般愉悅著我的耳朵。

我為自己的輕鬆自在感到驚訝！

在巴德那等候飛機回新德里時，小小的鄉村機場擠滿等候的人潮，廣播不斷重複著沒有用的訊息，接著，果如彩羚預言：巴德那是著名的最糟機場，陸續有班機被取消或延誤。曾在印度就學五年的彩羚開始不耐煩並擔憂起來：「老天爺！我們一定會被困在這該死的機場裡。」我卻拿出授戒上師頂果欽哲法王的書，細細地品味起來，等候是最佳的閱讀時機。

這本書的內容已經聽過多次，卻在此時此刻讓我深受感動而滾落許久不見的淚珠！

飛機延誤了兩個半小時，彩羚唸唸叨叨地抱怨著，我卻慶幸等候許久的班機未被取消。這段多出來的時間，除了享受老師的話語外，一位萍水相逢的印度婦人去洗手間時把孩子交給我照顧，讓我聽到了一句對這趟旅程意義非凡的註腳，曾在瓦拉納西大學就讀的婦人說：「我打從心底熱愛這座城市！」如暮鼓晨鐘般敲中了我渾渾噩噩勞頓奔波的旅人心鏡，照見我流浪他鄉的感恩。

與母親遺骨一塊兒流浪的這段時間，無論走過多少灰塵飛揚的路途，我心裡未曾有過一秒鐘的抱怨。

訝然發現不再是容忍印度的髒亂與不可預期的次序，居然還欣然接受，我眼前的印度人變得個個溫和美麗，彷如蒙塵的天使般教人發現生命的奇蹟。這突然的啟示，讓我徹底覺悟一件纏綿多年的心事，腦海裡早已抹去國界，我是不是不丹人，不再需要研究了。這種無論走到哪兒都像是回家的心情，是上蒼賞賜的最珍貴禮物。

母親像個頑皮的精靈，在死亡的最後，帶給我「生」的洗禮，如同吟唱一首生與死的詩歌，蕩漾在恆河的餘波裡……

日出日落的恆河，永恆地吟唱著生與死的詩歌……

國家圖書館出版品預行編目資料

不丹，深呼吸：山境·雪國·梵音
＝Seven Trips to Bhutan / 陳念萱著.
——初版——台北市：
大塊文化，2002 [民91]
面；　公分.——(Catch : 48)

ISBN 986-7975-38-3 (平裝)
1.不丹—描述與遊記

736.49　　91010538

105 台北市南京東路四段25號11樓

廣 告 回 信
台灣北區郵政管理局登記證
北台字第10227號

大塊文化出版股份有限公司 收

地址：□□□______市／縣______鄉／鎮／市／區

______路／街______段______巷______弄______號______樓

姓名：

請沿虛線撕下後對折裝訂寄回，謝謝！

大塊 LOCUS 文化

編號：CA048 書名：不丹，深呼吸

大塊 LOCUS 文化 **讀者回函卡**

謝謝您購買這本書，爲了加強對您的服務，請您詳細填寫本卡各欄，寄回大塊出版 (免附回郵) 即可不定期收到本公司最新的出版資訊。

姓名：________________ **身分證字號**：________________

住址：________________________________

聯絡電話：(O)________________ (H)________________

出生日期：______年______月______日 E-mail: ________________

學歷：1.□高中及高中以下 2.□專科與大學 3.□研究所以上

職業：1.□學生 2.□資訊業 3.□工 4.□商 5.□服務業 6.□軍警公教 7.□自由業及專業 8.□其他________

從何處得知本書：1.□逛書店 2.□報紙廣告 3.□雜誌廣告 4.□新聞報導 5.□親友介紹 6.□公車廣告 7.□廣播節目8.□書訊 9.□廣告信函 10.□其他__________

您購買過我們那些系列的書：

1.□Touch系列 2.□Mark系列 3.□Smile系列 4.□Catch系列 5.□tomorrow系列 6.□幾米系列 7.□from系列 8.□to系列

閱讀嗜好：

1.□財經 2.□企管 3.□心理 4.□勵志 5.□社會人文 6.□自然科學 7.□傳記 8.□音樂藝術 9.□文學 10.□保健 11.□漫畫 12.□其他_____

對我們的建議：________________________________

____

____

LOCUS

LOCUS

LOCUS

LOCUS